全国高校古籍整理研究工作委员会资助项目

安徽师范大学学术著作出版基金资助项目

QIE YAN JI

箧衍集

（清）陈维崧◎辑

刘和文◎点校

安徽师范大学出版社

责任编辑：孙新文　韩　敏
责任印制：郭行洲
装帧设计：丁奕奕

图书在版编目（CIP）数据

篋衍集/（清）陈维崧辑；刘和文点校．—芜湖：安徽师范大学出版社，2015.3

ISBN 978－7－5676－1591－5

Ⅰ.①篋…　Ⅱ.①陈…　②刘…　Ⅲ.①古典诗歌—诗集—中国—清代　Ⅳ.①I222.749

中国版本图书馆 CIP 数据核字（2014）第 232739 号

篋　衍　集

（清）陈维崧　辑　刘和文　点校

出版发行：安徽师范大学出版社
　　　　　芜湖市九华南路 189 号安徽师范大学花津校区　邮政编码：241002
网　　址：http：//www.ahnupress.com/
发 行 部：0553－3883578 5910327 5910310（传真）E－mail：asdcbsfxb@126.com
印　　刷：安徽芜湖新华印务有限责任公司
版　　次：2015 年 3 月第 1 版
印　　次：2015 年 3 月第 1 次印刷
规　　格：880×1230　1/32
印　　张：8.875
字　　数：210 千
书　　号：ISBN 978－7－5676－1591－5
定　　价：20.00 元

陳其年先生元本

今詩篋衍集

王阮亭
宋牧仲兩先生鑒定

保元堂藏板

点校说明

陈维崧，明天启五年（1625）生，清康熙二十一年（1682）卒，清代著名的词人、骈文作家。字其年，号迦陵。宜兴（今属江苏）人。清初诸生，康熙十八年（1679）举博学鸿词，授翰林院检讨，康熙十七年（1678）参与修纂《明史》，四年后卒，享年五十八岁。

一、陈维崧其人其作

陈维崧出生于文学世家。祖父陈于廷（1566—1635），字孟谔，号中湛、湛如、定轩，谥端毅，系明末东林党的中坚人物，官左都御史，著有《宝泉新牍》等。《明史》有传。父陈贞慧（1604—1656），字定生。清初散文家，与冒襄、侯方域、方以智，合称“明末四公子”。入清不仕，隐居家乡。陈贞慧文章婉丽闲雅，兼擅骈、散两体。著有《雪岑集》、《皇明语林》、《山阳录》、《书事七则》、《秋园杂佩》等书。《清史稿》有传。

陈维崧是清初著名的词人、诗人和骈文家，以开创“阳羡词派”享誉词坛。少时作文敏捷，词采瑰玮，深受当时著名学者吴伟业赏识，被誉为“江左凤凰”。入清后补为诸生，未曾得到官职。身世飘零，游食四方，因而接触社会面较广。又因早有文名，当时名流吴伟业、冒襄、龚鼎孳、姜宸英、王士禛、邵长蘅、彭孙遹等都与他交往，朱彝尊尤密切。二人合刊出版过《朱陈村词》。清初词坛，陈、朱并列，陈维崧被推崇为“阳羡派”领袖。

陈维崧著述宏富，现存有《陈迦陵文集》、《湖海楼诗集》、《湖海楼词》等，诸体俱佳，尤以气脉浑厚的骈体文与劲气凌厉光怪陆离的词作为世称颂。（据《陈维崧集》前言，陈振鹏标点，李学颖校补《陈维崧集》，上海古籍出版社2010年版）

陈维崧以词驰名于清初文坛，正如同乡朱彝尊曰：“宜兴陈其年诗余妙绝天下，今之作者虽多，莫有过焉者也。”（《陈纬云红盐词序》，《曝书亭集》卷四十，四部丛刊影印清康熙刻本）丁绍仪亦云：“其年太史与弟纬云均以词名。”（丁绍仪《听秋声馆词话》卷三，清同治八年刻本）陈维崧的词，数量为古今词人之冠，现存《湖海楼词》尚有1600多阕之多。其词风格豪迈奔放，与宋代的苏辛派词风接近，在清代影响深远。如陈廷焯说：“国初词家，断以迦陵为巨擘。后人每好扬朱而抑陈，以为竹垞独得南宋真脉。呜呼！彼岂真知有南宋哉？”（陈廷焯《白雨斋词话》卷三，清光绪二十年刻本）其词不仅创作丰富，而且各体出色，以豪放为主，兼有清真娴雅之风格。当时人称其：“气魄绝大，骨力绝遒，填词之富，古今无两。”（陈廷焯《白雨斋词话》卷三）

陈维崧在清初也是一骈体文大家。毛先舒序其骈体文曰：“其年则群推领袖，直接宗风，既吐纳乎百川，亦磬控乎六马。”“具龙跳虎卧之奇”、“得歌行顿挫之致。”（曾燠《国朝骈体正宗》卷一，清嘉庆十一年赏雨茆屋刻本），林昌彝评曰：“宜兴陈其年太史维崧，所著骈体文流传殆遍。”（林昌彝《射鹰楼诗话》卷六，清咸丰元年刻本）如《与芝麓先生书》、《余鸿客金陵咏古诗序》、《苍梧词序》等作品，描写得跌宕悱恻，有很强的感染力，在清代文坛影响甚大。

陈维崧亦能诗，虽成就不如其词与骈体文，但在清初诗坛亦颇有影响，如林昌彝云：“（陈维崧）骈体文流传殆遍。……若其诗胜于骈体文远矣。余尤爱其七言律诗，视国初陈元孝、顾亭林、宋荔裳、吴梅村、朱竹垞，无多让也。”（林昌彝《射鹰楼诗话》卷六）其诗以气取胜，如《晚晴簃诗汇》评曰：“其年诗纯以气胜，七言古体开阖驰骋，出入浣花眉山。最为擅场七言近体，佳处雅近唐贤。如《赠巢民先生》云：‘十队宝刀春结客，三更银甲夜开樽。’《过广陵福缘庵》云：‘青枫历历人千里，白月蒙蒙雁几行。’《送人出榷扬州抄关》云：‘鸦点雷塘秋瑟瑟，笛吹板渚水粼粼。’《登慈仁寺毗卢阁》云：‘天连赵魏晴俱出，松历金元腊更高。’皆超隽可诵。”（徐世昌《晚晴簃诗汇》卷四十五，民国退耕堂刻本）又如王士禛所云：“陈其年以四六诗余冠绝一世，然其诗亦豪迈有奇气。”（《带经堂诗话》卷十一，清乾隆二十七年刻本）

二、《箧衍集》的传播

《箧衍集》十二卷，系陈维崧辑选的清初人诗歌总集，收康熙中叶前重要诗作者157人，诗713题、849首，按体编排，有“五言古诗”、“五古长篇”、“五言律诗”、“五言排律”、“五言绝句”、“七言古诗”、“七言律诗”及“七言绝句”，所收以“七言古诗”为最。深受清代诗坛青睐，如同时代者王士禛曰：“纂本朝诗者数十家，大都以为结纳之具风骚一道，江河日下，皆若辈为之。惟施愚山《藏山集》、叶讱菴《独赏集》、陈其年《箧衍集》卷帙不多，犹有殷璠、高仲武唐选之风。”（王士禛《古夫于亭杂录》卷四，清文渊阁四库全书本）又如陈田《明诗纪事》曰：“国初选家王阮亭有《感旧集》，陈其年有《箧衍集》，钱牧斋有《吾炙集》，叶讱菴有《独赏集》，邓孝威有

《诗观》，陈伯玑有《诗慰》，曾青藜有《过日集》、《过日》，虽不及《感旧》、《箧衍》之精。”（陈田《明诗纪事》辛签卷二十八，清陈氏听诗斋刻本）《箧衍集》之所以受到清代诗坛的重视，主要是其体例成熟，评论公正，如清人朱庭珍所说：“观国初若王阮亭所选之《感旧集》、陈其年之《箧衍集》，皆同时人诗，虽去取未尽精当，而评骘平允，体例颇严，足成一家之书，可供采择也。”（朱庭珍《筱园诗话》卷四，清光绪十年刻本）

《箧衍集》系陈维崧在京师为官时所抄录，生前未出版。如蒋景祁序云：“吾乡陈其年先生工于诗，间尝钞数十年以来名公硕人之诗，得三百余叶，手自披咏，名曰《箧衍集》，秘不示人。既殁，而其从子枋乃检而存之。然其选主于自怡，故不谋于人；艰于借抄，故篇弗求备，使迟以岁月，博以摭采，岂不伟然一代之全书哉！丁丑（康熙三十六年）初夏，过家萝村（蒋国祥字）吴门寓舍，出示斯集，萝村氏谓足备本朝诗选之一，因不敢秘，以付剞人。惜尚有未经先生采入者，萝村谋嗣刻为《箧衍续集》云。”（《蒋景祁序》，谢正光、佘汝丰《清初人选清初诗汇考》，南京大学出版社1998年版）但由于是集录有钱谦益、屈大均诗作，它的出版发行受到限制，却一直私下传播。清初学者佟赋伟曾说：“陈其年太史抄本朝名人诗为《箧衍集》，不以示人，殁后同里蒋京少得于敝簏而传之，余读而思其所以然之故，殆不可以言诠索也”。（《二楼纪略》卷四，清康熙刻本）佟氏所辑《二楼纪略》即参阅了《箧衍集》。吴伟业撰、靳荣藩注《吴诗集览》也大量参阅了《箧衍集》。

关于《箧衍集》版本，据我们考证，计有康熙三十六年（1697）蒋国祥刻本，乾隆二十六年（1761）华绮刻本，民国二十年（1931）余姚黄氏刊本等，清抄本和稿本。就经眼的华绮本和黄氏刊本看，都是翻刻王阮亭、宋牧仲两先生鉴定本。由此看，《箧衍集》虽于辑者生前未能刊刻，身后却经多次刊刻而得以传播。王葆心序云："抑蒋氏之传刻是书，渔洋、绵津皆期以赓续，及华氏再梓，二田又期以绩宣之才宜所优为。"（王葆心《校印箧衍集序》，陈维崧《箧衍集》，1931 年余姚黄氏校补）可谓是《箧衍集》刊刻简史，陈维崧所辑"本朝名公硕人之诗……不以示人。"（宋荦《箧衍集序》，陈维崧《箧衍集》，1931 年余姚黄氏校补）"惟《箧衍》先梓于康熙中宜兴蒋京少氏，再梓于乾隆辛巳之华氏。"（王葆心《校印箧衍集序》，陈维崧《箧衍集》，1931 年余姚黄氏校补）即蒋国祥于康熙三十六年（1697）刊刻，后由华绮重新刊刻于乾隆二十六年（1761）。由于各种原因，《箧衍集》传世较少，余姚黄艾又于民国二十年（1931）校印，方得存世，弥为珍贵。

关于《箧衍集》的记载，清代文献记述颇多，如《明诗纪事》、《北江诗话》、《带经堂诗话》、《南宋杂事诗》、《郑堂读书记》等都有记载。孙殿起《贩书偶记》著录："《箧衍集》十二卷，宜兴陈维崧辑，后学蒋国祥校订，康熙壬申精刊。"（中华书局 1959 年版，第 519 页）孙殿起《清代禁书知见录》著录："《箧衍集》十二卷，康熙丁丑萝村蒋国祥校刊。此书以国朝诸家之诗，分体编次，所选颇为精粹，除钱谦益、屈大均等诗篇俱应抽毁外，其余各家尚无干碍，应毋庸全毁。"（商务印书馆 1957 年版，第 213 页）姚觐元《清代禁毁书目》著录："《箧衍集》，查此集系翰林院检讨陈维崧辑，以国朝诸家之诗，分体编次，所选颇为精粹，除钱谦益、屈大均等诗篇俱应抽毁外，其余各家尚无干碍，应毋庸全毁。"（商务印书馆 1957 年版，第 213 页）

观之以上，《箧衍集》在清代诗坛影响之大，《国朝诗别裁集》的编辑也受其影响，如沈德潜曰："陈检讨《箧衍集》较诸本为善，然只及康熙癸丑，以下阙如。兹补癸丑后八十余年诗，而名位交游之念，不扰于中，此差可自信者”（《国朝诗别裁集凡例》，沈德潜《国朝诗别裁集》，乾隆二十五年（1760）刊本）。其后，《国朝诗萃》的辑选则是续之，如其曰：“国朝选本诗自沈宗伯《别裁集》，继陈检讨《箧衍集》后补选康熙癸丑以下八十余年诗，迄于乾隆庚辰皆已往之人。兹补当时所未经采择者及今四十余午中已往现存诸贤，分为初、二两集。虽管窥蠡测，不足尽天海之大，而旁搜远绍，心窃响焉。”（《国朝诗萃凡例》，潘瑛、高岑《国朝诗萃》，嘉庆九年（1804）刻本）

三、《箧衍集》的文献价值

较之此前冯班的《怀旧集》、陈瑚的《从游集》及钱谦益的《吾炙集》，《箧衍集》因其“辑以国朝诸家之诗，分体编次，所选颇为精华”。（《清代禁毁书目》）被视为清初诗歌总集的典范。是集保存了大量清初重要诗人轶作，《箧衍集》因有“钱谦益、屈大均”等人诗作而被列为禁书，传世本稀少，因此，具有重要的文献价值。

首先，辑录了清初诗坛活动的重要文献。《箧衍集》十二卷收录了清初五言联句，如《八月十二夜天延阁联句》、《冬夜说饼联句》、《初冬夜集联句》、《圣安寺僧舍联句》、《八月十五夜集半逻钱尔复斋有怀钱四汝霖》、《过筏公西溪精舍怀罗浮屈五留白下》、《九日集刺梅园松下送谭七舍人之官延安四十韵》等为清初题咏唱和之诗，为研究清初诗坛的活动提供了一手材料。又如，集中收录了较多的歌咏宣城的诗作，据我们考证有姜采《宣州有感二首》、施闰章《过湖北山家》、方文《送沈治先归宛兼寄令兄眉生二首》、程可则《遥题友人别业》、洪昇《送吴位三归宣城》、王士禛《瞿山画松歌梅渊公》、周在浚《山栖长句行为梅耦长作》、施闰章《谿馆》、王士祜《阁上坐雨望敬亭》、洪昇《送孙容斋任衡阳二首》、《八月十二夜天延阁联句》等十一题十三首，这为研究宣城的人情风俗提供了重要文献，正如佟赋伟《二楼纪略》："昔人论《国风》云：作自卫者卫人所录，为卫作者卫人所传。爰是编（《箧衍集》）因抄其系宛者，得如干首。"（佟赋伟《二楼纪略》卷四，清康熙刻本）

其次，《箧衍集》辑录了153位诗作作者小传，为研究清初诗坛提供了重要文献。由于集中所收诗作者都与辑者陈维崧有交往，所收材料真实，为我们绘织了清初诗坛的图像，如卷十一收录的吴麐，文献记载稀少，而《箧衍集》提供了他的重要信息，如："仁趾，江南歙县人。著有《樵谷集》。"为我们研究吴麐提供了重要资料，对于研究其诗作提供了重要参考资料，正如姜宸英所云："诗虽所以吟咏性情然，亦可以考其人之里居氏族与其生平遭际之盛衰、君臣交游之离合，而人之一身有先荣后辱，有始困终遇。若此，其不同也。则其性情之所见，亦各异焉。"（《陈其年湖海楼诗序》，姜宸英《湛园集》卷一，清四库全书本）。

第三，《箧衍集》收录了诗作和诗评，具有重要的校勘作用。总集中收有清初著名诗人，如孙承泽、王崇简、吴伟业、杜濬、冒襄、方文、周亮工、宋琬、龚鼎孳、余怀、吴绮、毛选舒、姜宸英、朱彝尊、徐乾学、王士禛、宋荦、彭孙遹、顾贞观等人的轶作，可以对清初诗人之诗作进行补遗，并具有校勘和考证作用。如所录汤斌诗作《赠吴湖州》：

仙郎起草最知名，几载搴帷霅上行。按部雨余香稻晚，课农花发晓云轻。南宫书画添新谱，李相亭台续旧盟。闻道宾朋常满座，清尊真见古人情。

尾注曰："荆岘先生风以风雅振世，及其抚吴时，政绩卓卓可传，吴人特祀之。千学官家检讨首录此诗，知不以文章重先生也。从子枋晨读恭记。"这对考证其人其诗提供了重要线索。又如周中孚曰："《天水冰山录》（无卷数）附《钤山堂书画记》一卷（《知不足斋丛书》）本。不著编辑者名氏乃明严嵩籍没之册，周石林从残本重抄取《箧衍集》内《吊嵩诗》'太阳一出冰山颓'句，意题之，以炯戒后人焉。"（《郑堂读书记》卷二十四史部十，民国《吴兴丛书》本）

四、校注说明

本著以清乾隆二十六年华绮刻本为底本，参以康熙三十六年蒋国祥刻本、民国二十年余姚黄氏校补本以及其它诗歌总集和诸家诗歌别集，进行校注。

由于《箧衍集》在清代诗坛影响甚大，先后有多人为其撰写序跋，本书将汇集序跋，为进一步研究做准备。

本书参考《箧衍集》其它版本、诗作者别集和其它总集，作了校注。首先，关于诗作序文和诗歌内容与其它版本不同，本书作了注解，如潘耒《烈士行赠赵羲庵》原序文为："京口顾侍御见法，义庵力保其孤。"本书校记为："义庵汴宋裔孙也，为人精悍勒敏，京口顾侍御奇重之。侍御以事见法，羲菴独身入都，经纪其丧脱，两孤于厄，有古烈士风。余与侍御弟交旧，因识羲菴。今秋重遇之金阊，悲其老大连蹇，而高节。罕有闻于人，遂为歌以叙之。"（《遂初堂集》卷二，清康熙刻本）其次，关于诗文阙文，本书根据其它版本补录。再次，关于钱谦益条目，原本均抽毁，今补录。

校印箧衍集序

江表华氏，自松、扬略著姓氏，要以常州华氏擅词翰之宗。王柳村征有清一代江苏之诗，捃摭锡、金暨松、扬诸华至三四十人，其风雅好事者，吾得二人焉，曰华龙眉衮，继之者又有华天和绮。方是时，吴下诗坛社事流闻四方，邓孝威四辑《诗观》，助其征集者龙眉也。而陈其年《箧衍集》书出身后，初未大著，乃天和亟亟为之传布。壬戌之冬，余于江夏刘禺生处始见《诗观》，今夏黄君绩宣复出《箧衍》示余，绩宣之主官书处也。而穷搜旧有椠本，锐然以收拾一方文献自任，无意中得是书，即华氏旧镌未印行之版也。大喜过望，加以雠，复乞余序之。华氏是刻盖始于乾隆二十六年，浦二田为之序，书成，偶印行一二，即由其后人携版至湖北，今为汉阳黄氏得之。若推其久閟不行之故，或由乾隆廿年后，三通、四库馆迭开，天下遗书稍稍间出。是时，朝廷于故明遗佚诸老之文字颇多不乐，尤忌者钱蒙叟、金道隐、屈翁山之诗文，于是词臣承旨磨勘，而销毁禁锢诸家著述之令行，今毁禁诸目具在，而《箧衍》一篇与《诗观》均属抽销之列，盖以二书于钱、金、屈诸氏之诗，率一见再见不已，而当日华氏右助传布之两书，自是至今百数十年，尝在若存若灭间。《诗观》自元刊外，未经重梓。惟《箧衍》先梓于康熙中宜兴蒋京少氏，再梓于乾隆辛巳之华氏，徒以关涉禁令，藏书及目录家迄少簿录，驯至镌是书者怵心严令，付诸扃镝以图免祸。而《箧衍》较显者，则以光绪初张文襄曾著于书目，访求尚有人。而旧本固极难得，孰知犹有佳椠，近在会城，久錮于尘埃委积也哉？今乃获重燃烬于绩宣之手，又恰出自沧桑之后，其中若有天焉。爰促其取集中审是未精者与年远缺佚之篇什，鸠补精勘而流布焉。窃以为是书者，若非绩宣勤于职事，搜索于市楼寂寞之中，行与爨薪伍耳。然则古今文字显晦有时，岂不以其人哉？抑蒋氏之传刻是书，渔洋、绵津皆期以赓续，及华氏再梓，二田又期以绩宣之才宜所优为。以检讨此集之旨而言，仍不出缘情绮靡之宗，盖检讨生平以词境通诸诗家，复以诗豪张大其词境，其于绩宣夙昔矜尚之风旨倘有合焉否耶？宜乎此书待绩宣而始显，又不徒竟华氏未竟之志而已。丙寅长夏大暑日，罗田王葆心。

按：是刻见于诸家书目者，只无锡《大公图书馆藏书目》录有之，曰十二卷，八册，乾隆辛巳金匮华绮重校刊，是可证。刊讫，曾有印本。今此版尚是朱印，传为光绪中随华若汀太守入武昌。久之归黄氏，就其中多伪缺未校，又只朱印揣之。知当时即朱本亦甚鲜。至其惧有触禁，久闷勿行之故，可以吴枚庵翌凤选清代诗证之。世称吴选较沈选门户稍宏大，有正、外二集，蒙叟、梅村皆入外集，蒙叟之姓名则易为彭抝，字六吉，为浙江常山人；屈翁山姓名则易为翁绍隆，字骚余，为广西临桂人。当时法网之密如此，其书至国变后始有刻本。然则当日改姓名之选本尚不敢付印，况此刻乃未改者乎？观此而华本久不问世之故，益可想见矣。己巳早秋再记。

编者注：此序据《箧衍集》卷首，民国二十年（1931）余姚黄氏刊本补录。

重刻今诗箧衍集序

岁辛巳，吾同年子华生天和取昔义兴陈太史《今诗箧衍集》旧刻，新其板而谒予为序。《箧衍集》出太史殁后，渔洋、绵津皆惊赏之，以为疏越遗音，持择矜慎。独其集限康熙癸丑，后皆阙如。天和学敏而志逊，特以扬前光，未敢蒇续录也。且夫博而反之约，理有固然。我国家文教诞敷，卓冠前古。即诗之一途，若仝唐四朝荟萃继显，而方虎、孟举、侠君、锡鬯诸作者各占一代，网罗而表率之。渐磨广厉百有余年，而鸿才丽制等身接踵，斯亦博极而将反之约之会矣。天和固善适其会者也，盖尝于宸编圣训，仰窥而得所宗焉。御选诗醇，括千载以六家；雅言庭命，申"二南"于《三百》，此物此志也，尚约也。天和为此，庶有合哉。其以吾言过庭而正之。乾隆辛巳畅月，三山伧父浦起龙书，时年八十有三。

编者注：此序据《箧衍集》卷首，乾隆二十六年（1761）华绮刻本补录。

王士禛序

古人说诗不一家，若刘勰、钟嵘、殷璠、严羽，洎近代昌谷徐氏，予皆有取焉。若齐己《诗格》、谢榛《诗说》则无取乎尔。故诸经皆有故训，而善说诗者，唯以意逆志，自得于永言声律之表，此物此志也。唐人选诗自《英灵》、《间气》诸集，犹存古意，不必篇目之众多也。至鼓吹、三体以来，浸失之尔。后得其旨者，如杨升庵之《明诗》、杨梦山之《弘正诗》、顾玄言之《国雅》。譬诸清庙朱弦，独闻疏越，其去淫哇嘈嘈之音固有辨矣。顺治末，南城陈伯玑尝续《国雅》，意存矜慎，予读而善之，嘉其始而勖其终。伯玑不能从也。钱牧斋有《吾炙集》、施愚山有《藏山集》、叶讱庵有《独赏集》，皆秘不示人，意其于唐人之旨必有合者，而惜予之未及见也。陈其年太史撰《箧衍集》，时官京师，不旬日与予辄相见，未尝一语及此书。殁将十年，而其同里蒋子京少，始得于敝簏而传之，先以质予。予曰："引古琴瑟疏越之遗也。后有赏音，庶无闻古乐而思卧，诗教其兴欤？"康熙壬申长至雪夜，济南王士禛序。

编者注：此序据《箧衍集》卷首，乾隆二十六年（1761）华绮刻本补录。

宋荦序

陈其年太史尝抄本朝名公硕人之诗，得三百余纸，不以示人，名曰《箧衍集》。没后数年，其同里蒋京少氏始得之于敝簏，因与其宗人萝村氏谋付剞劂而传之。萝村来，请予序。予惟昭代诗人林立，六合之内，无虑数十百家，若合裒其全集，几于充栋矣。其年所抄，大都本其交游所及，国不过数人，人不过数诗。诗取高雅恬澹，如闻古乐。其年此集，意存矜慎，不求备也。今人每言“十五国风”，独无吴楚，以为孔子删之，与修《春秋》斥吴楚之意同。其论似善，而其实不然。夫孔子生于鲁襄公二十一年，至二十九年，吴季札来聘，请观周乐工歌，“十五国风”，自二《南》以迄于《曹》、《郐》，本无吴楚，而谓孔子削之，不亦缪乎？故吾尝观《春秋》内外传，如僖五年，晋士蒍赋诗；成九年，君子引《诗》，襄八年，郑子驷引《诗》，此皆可入《风》。昭十二年，楚右尹子革引祭公谋父作《祈招》之诗，其体可入《雅》。《国语》周敬王十年，单穆公引武王所作饫歌，名之曰《支》，其体可入《颂》。然而孔子不录者，岂非原本所无，而遂不求备也哉？是故善选诗者，宁损其多，无益其少。此亦师金所云“刍狗未陈，盛以箧衍”之义也。既陈，则苏者取而爨之，而又何盛焉？虽然，无方之传，应物而不穷，萝村谋续刻以广之，第本太史矜慎之意，勿滥登焉可也。商丘宋荦撰。

编者注：此序据《箧衍集》卷首，乾隆二十六年（1761）华绮刻本补录。

蒋国祥序

代有诗选，选不一家。若近代之选唐诗者，几云备矣，顾犹憾其不备，而选者又不必尽佳，今所传箧中诸集，以唐人而选唐诗者也，多至百余首，少仅数十首，岂足尽尔时作者之诗？而所选止此，亦以见选者之宁约毋博，而作者实不尽此，选者之意旨已尽于此。历下之选唐诗，谓唐无五言古，而后拟汉魏者，视六朝又一类矣；拟六朝者，视三唐又一类矣；历下之选出，而后明代之选唐诗，与明代之选明诗，又各为一类矣。风会日新，人才岐出，作者不易，选者綦难。方今家各一编，类皆陶铸中晚，调剂宋元，以思溯沿乎六朝，归墟于汉魏。而阳羡陈其年先生以诗词名天下三十余年，晚应诏入史馆，未几身殁，海内作者有不尽其才之慨。家京少与游最久，搜其遗箧，得斯集示予。与斯选者，大都先生平昔交游，耳目所及，亦若夫唐人之选唐诗也。卷凡十二，诗备诸体，其人次错出，不分时代，悉遵元本，无所傅益。其有未交先生，或为耳目所遗，咸以不与斯选为憾。思与京少嗣为《箧衍续集》，其犹先生是选之意也夫！后学萝村蒋国祥书于吴门旅舍。

编者注：此序据谢正光、佘汝丰《清初人选清初诗汇考》，南京大学出版社1998年版补录。

蒋景祁序

唐人选唐诗，刻于琴川毛子晋氏者七种，外此有《丽则集》，亦并板行。愚意唐以诗取士，一代操选者，当不止数家，而数家独传。且其书卷帙寥寥，人不备，诗亦不备，疑弗可以传。而迄今千数百年，尚有考而诵之者，意必其不阿时好，自发心赏，有异乎他家之为者，故君子有取焉。本朝不以诗取士，而诗格直追唐人，传之后世，必有信其不诬者。顾今之选者无虑数十家，计其卷帙，几于汗牛充栋。噫，盛矣哉！吾乡陈其年先生工于诗，闲尝抄数十年以来名公硕人之诗，得三百余叶，手自披咏，名曰《篋衍集》，秘不示人。既殁，而其从子枋乃检而存之。然其选主于自怡，故不谋于人；艰于借抄，故篇弗求备，使迟以岁月，博以摭采，岂不伟然一代之全书哉！丁丑初夏，过家萝村吴门寓舍，出示斯集，萝村氏谓足备本朝诗选之一，因不敢秘，以付剞人。惜尚有未经先生采入者，萝村谋嗣刻为《篋衍续集》云。后学蒋景祁书。

编者注：此序据谢正光、佘汝丰《清初人选清初诗汇考》，南京大学出版社1998年版补录。

目　录

卷　一

五言古诗

钱澄之

字饮光，一名秉镫，字幼光，江南桐城人。著有《田间集》。

田园杂诗二首

一春勤稼穑，草木荒东园。今晨始芟刈，逝将除其根。良苗常恐短，恶草常苦繁。腰斧伐荆棘，用以卫篱藩。荆棘伤我手，淋漓手中痕。手伤不足道，篱弱何以存？家人挈酒至，满斟在瓦盆。劝我饮一醉，颓然卧前轩。前轩无人来，春风开我门。

鸡鸣识夜旦，鸟鸣识天时。东皋人有声，我起毋乃迟。揽衣出门早，且复驱其儿。黄犊初教成，我锄子则犁。犁锄岂不苦，衣食道在兹。道旁一老父，嚬蹙前致辞。言儿筋力薄，稼穑非所宜。诗书虽不尊，犹是祖父遗。如何舍素业，自甘辛苦为？多谢老父意，此意君未知。呼儿且饭牛，吾去烧东菑。

雪朝偶成

林雀不闻哗，竹窗旋已曙。揽衣启柴门，蔼蔼见积素。孤烟弱不高，野田微有路。土畦高下白，皓若宿群鹭。寒花裹不舒，麦田萋以布。何处一声喧，惊此山鸟去。

邢　昉

字孟贞，江南高淳人。著有《石臼集》。

溪行屡经与亡友印度别处

溅溅溪水侧，是子门前路。涓流乱石间，褰裳乃可渡。忆昔造子庐，款款平生故。尊醪亦时有，日晏未遑去。相送屋东偏，幽林每徐步。倚岸注微波，残阳在高树。情因老易悲，欲别恒反顾。兹来溪草绿，偶到临分处。予犹耿素欢，子已长不寤。流泣但徘徊，空惭子桑扈。

与见末别宿舟中作

款款园田留，漠漠新秋夜。露湿莎鸡鸣，流连语初罢。解缆一挥手，惆怅月明下。岸回林木重，犹似见君舍。少壮各饥寒，残年操耙耰[①]。畬田[②]岁不登，岂遂薄躬稼。

校记：

①耰：（清）王士禛《感旧集》（清乾隆十七年刻本）卷三作“耙稏”。

②畬田：（明）刑昉《石臼集》（清康熙刻本）后集卷一作“涂田”。

高座寺寻介立上人

黄叶落未尽，招提犹是秋。因耽清寂境，更上西斋楼。风榛蔽遥阪，寒景下荒邱。惆怅故情歇，难为永日留。

忆幼子

汝生初坠地，我游五茸城。三月始入门，闻汝呱呱声。从此更远迈，越峤东南征。三为象浦客，六傍恶溪行。在远日何多，在家日何少。屈指几度别，垂髫忽已好。三岁别我时，门前牵我衣。宛转学人语，问我几时归。四岁及五岁，别我涕能挥。七岁差解事，鞠躬步庭帏。去冬复别我，含凄叩所如。本言渡江去，却寄金陵书。今汝年九龄，《毛诗》诵曹郐。翩翩过父友，再宿倾肝肺。前日有书来，颇与人意会。世乱我已老，我衰汝始大。如何久契阔，喟然发长慨。

过黄州宿园居

四海遂陆沉，闲园多草蔓。伊人勤剪除，微尚成栖遁。雨催兰叶衰，露滋药苗嫩。晚韭命儿锄，午炊供予饭。浊醪激颓思，片词吐深怨。数家残燹在，一雁云中远。人生迫衰运，安得遂所愿？青林数往来，欲别更相看。

赵进美

字韫退，山东益都人。官学使。

冬日田家二首

北风吹茅宇，小春应微暖。比邻机杼鸣，平畴麦叶短。初日聚童稚，坐卧杂鸡犬。屋梁悬众耜，寂寞岁事晚。石寒溪流激，雪霁烧痕浅。疏林不隔烟，冬野能见远。飞鸿顾前渚，饥鸟噪空坂。长啸登东皋，暮逐樵声返。

星尽晓色分，日出飞鸟外。高枝残雪压，寒村散微霭。田家门始开，篱落闻犬吠。草际风未定，树杪霞犹在。方见牛羊群，一一远岭背。农夫倚杖立，默念将卒岁。鸟雀鸣阶前，儿女笑窗内。八口饱新粒，未冬完官税。皎皎清溪水，飒飒幽林籁。板桥无屐迹，静与草舍对。时有旧邻来，拂石坐相待。

蒋允睿

字瞻武，江南宜兴人。

圭　峰

天高苍复苍，地下露巉石。气聚石成林，险巇象千百。当空轩翥来，为我停远翮。蹲蹲若将拷，苔藓狮豹革。中峰拔地起，崭然见双壁。累块瞻其巅，日光在余隙。声闻答遥空，从之不知迹。山间一缕烟，与磬发霞夕。

施闰章

字尚白，江南宣城人（今属安徽），官侍读。著有《愚山诗集》。

宿蓬莱海潮庵

精舍俯丹崖，复阁眺穷发。眷兹物外游，宁辞云际歇。日冥红霞散，洞阴瑶草发。绶带驭天风，临流坐海月。洪涛争怒号，岛屿时出没。成连移吾情，安期逝超忽。天鸡鸣中宵，白露如凝雪。

自西山净德寺至隆恩寺宿

马首见西山，乘兴陶嘉月。振策峰已纡，扪萝巇逾绝。菌阁陵玉岑，兰榭曜石室。琪树寒始华，红药蕊初结。披拂散心颜，荣落皆愉悦。暮鸟归岩扉，阴云如积雪。松林息万籁，清响中夜发。樵隐易为欢，市朝性所拙。眷言采芝人，毋使春芳歇。

归宗岩

衣湿武夷雨，还登溪口岑。岩穴互崩峭，石门相倚临。悬泉泄微溜，众籁生涧阴。洞寒气逾燠，峰回雾全沉。日午始开霁，亭槛俯江浔。荒榛翳木叶，灵迹无人寻。下山望岩屋，但见青松林。

王　庭

字言远，浙江嘉兴人，官观察。

栈道中作

人行山上高，天在山中小。员晖易沉夜，初阳迟报晓。马走山树巅，飞鸟出其下。云连深洞迷，石缺危桥架。七盘非险涂，三秋足清景。日夕流泉声，安①能辨喧静。

校记：

①安：（清）阮元《两浙輶轩录》（清嘉庆刻本）卷一作“谁”。

周体观

字伯衡，直隶遵化人，官参议。

坡城村

朝行雾露边，暮行望炊烟。谷口渐冥邈，山势相错连。鸣鞭向南山，驻马观北渚。悬流忆吕梁，绝壑疑鸟鼠。浩渺歌苍岑，幽灵深复深。恨随云栈往，不尽隐沦心。

王士禄

号西樵，山东新城人，官吏部主事。

慧山二首

摄衣遵石磴，台阁参差生。绛节祠玉虚，龙驾骖茅盈。绝顶见千里，空翠侵襟缨。白鸟去吴会，余氛澄太清。万顷具区波，使我双眼明。琐屑千渎溪，行潦纷纵横。夙读枕中记，无惭西神名。因羡梅里人，野服来蛮荆。

公垂读书堂，仿佛有遗迹。更觅听松庵，坡陀指萧槭。长松独磊落，矫矫挺千尺。色黏青霞重，势逼高天迫。白日居然凉，苍鼠纷腾掷。高人王仲山，兹焉会卜宅。苕苕缅遗风，悠悠愧浮客。安得山中来，消此几两屐。

曹申吉

别号澹余，山东安丘人，官巡抚副都御史。

武陵杂诗二首

我思马伏波，壶头困崔巍。何如阮嗣宗，涂穷驾即回。迢迢五溪外，群峰青累累。祝融司南纪，草木冻不衰。况复盛朱夏，自觉凉风希。远行尚未建，安能计远归。

萧条鼎澧间，乱后行人稀。茅屋远岩下，野水明荒陂。新稻始成秧，何以充客饥。客子喜容膝，满眼惟蒿藜。遥涧收夕雨，松枝供晚炊。床下伏鸡豚，门前畏虎罴。辗转起中夜，漏尽气如丝。不历武溪险，毒淫那得知。

春尽赠李武曾

今日春又尽，吾归竟何时。积雨暗晨光，茫茫远山陂。好鸟傍檐隙，翩翩择树枝。朱樱覆左阶，绿荷冒前池。溅珠不成员，结子行当离。浮云多聚散，草木有荣衰。中怀易慷慨，形迹同拘羁。岂复恋苕华，感此岁月驰。素心澹以约，遇物宁推移。我欲奏齐讴，子其续楚辞。唱和谁复闻，一遣殊方悲。抗手招禽尚，永结山中期。

程康庄

字昆仑，山西武乡人，知耀州。

摄山栖霞寺

旧京日芜没，佳丽今可追。披图揽名胜，命驾探幽奇。摄山郁东峙，乃在大江陲。孤嶂凌太清，日月互蔽亏。烟崖极登顿，云岫泯参差。珠宫晨夕梵，天花昼夜吹。奇石抱藤萝，高涧泻污池。乔松响春潮，飞藿聚秋篱。施鸟及鸥凫，奔兽来鲔麋。樵隐虽不同①，风雨良在兹。缅怀明居士，更忆江总持。舍宅树逸轨，停山赋新诗。大药岂误人，灵草生有时。舣舟试登岸，东风赴前期。

校记：

①樵隐虽不□：校佚者据杨钟羲《雪桥诗话》（民国《求恕斋丛书》本）卷二补为“樵隐虽不同”。

汪　琬

字苕文，江南长洲人，官编修。著有《钝翁文集》。

写家书讫批一诗于后[①]

家居山水窟，游息无不宜。至今旅馆中，夜梦犹忆之。恒虞春雨多，土屋或易倚。及此风日佳，苫盖安得迟。径草须屡薅，篱槿须牢支。橘蠹与菜蝗，次第当剪治。辛夷好在无，高华玉参差。此树吾手植，溉壅必以时。丁宁责家人[②]，奈何饱而嬉。拂衣具扁舟，止足吾所知。笋肥蕨芽嫩，社酒行可持。杜宇汝勿忧，吾方戒归期。

校记：

①写家书讫批一诗于后：汪琬《尧峰文钞》（四部丛刊影印林佶写刻本）卷三作“写家书讫遂批一诗于后”。

②丁宁责家人：汪琬《尧峰文钞》（四部丛刊影印林佶写刻本）卷三作“申宁责家人”。

泊石湖有怀

江风逗余凉，辍櫂自成赏。谷口霞已开，洲心月初上。遥闻欸乃曲，知是渔人唱。独树影萧条，孤鸿色惆怅。不见故人来，时向烟中望。

程可则

字周量，广东南海人，官职方郎中。著有《海日堂集》。

晓起与邝无傲作

长安四月雨，霡霂生微寒。晨兴出帘幕，稍觉衣裳单。郁郁庭中槐，浅绿浮林端。好鸟鸣其间，仿佛栖岩峦。不见夏云热，宁知春色阑。赖有素心人，把臂延清欢。回首思故乡，众卉凄以繁。黄梅摘方熟，朱荔垂当餐。嘉序长不归，谁能假羽翰？

龚大宗伯招集黑龙潭分得定字

祝融盛炎德，束带苦愁病。所思在林塘，忽枉谢公兴。招我城南隅，远踏玄都胜。陂陀高下列，烟树周遭映。宫观何嵯峨，潭水黝而净。风雷闭地脉，厓溜决晶莹。似有鬼神伏，或者蛟龙定。四顾闻妙香，松篁响纷应。浏览非一观，指点豁诸听。主人敬爱客，萧散事中圣。饮同河朔袁，讲类康成郑。义驭不少留，岩壑倏以冥。不愁风雨来，所惧瓶罍罄。胜地难重期，尘嚣况相屏。不乐将何为，归来发深咏。

送施愚山游嵩山

凉秋复新霁，爽籁生林举。侧望西山岑，百里明纤毫。苦为物役牵，未得恣游遨。夫子负奇怀，山水恒相遭。论文跻日观，秉节临江涛。兹来踏春明，屏迹辞喧嚣。手携绿玉策，啸傲凌嵩高。嵩高何巍巍，背洛襟函崤。乾坤界其中，风雨为之交。三台架绝顶，四树森危条。石床几千载，突兀留山坳。道逢浮丘生，鸾鹤从所招。人生不百年，散发当自豪。嗤彼向子平，还为婚嫁劳。因君羡此游，不寐怀中宵。

秋暮周雪客兄弟招集雨花台分得三字

秋色日向尽，九十今余三。征人念流景，飘泊仍江南。江南佳山水，好友携相探。舍舟陟灵阜，策蹇冲蔚蓝。峨峨雨花台，斗酒还双柑。风日际晴霭，江气如春涵。放眼收吴会，纵步周茅庵。当年讲法人，天女垂优昙。锡飞已千载，栝柏犹天参。不见故国陵，石马犹骖驔。王气一朝灭，极目空烟岚。六代夫如何，铅华难久耽。人事有代谢，大化谁能谙？即今六七人，倾盖称盍簪。明发不可留，独往凌湘潭。尘缨间良觌，毋乃云壑惭。酒罢兴未已，回车心如惔。

送戴务旃游西岳四首

春草既销歇，夏云多变迁。缁尘涅素衣，白日凋朱颜。达士抗遐尚，杳然非人间。独住凌清虚，杖屦何时还。

我闻华山高，壁立青芙蓉。白帝居其巅，侧叠罗诸峰。君行侣猿猱，上下攀云松。神仙遇有时，相将乘赤龙。

君本忠孝人，浊世称大贤。束身为圭璋，所志非偓佺。振衣仙掌崖，洗耳玉女泉。皎然脱物役。可以臻长年。

我家罗浮下，夙昔阻登涉。前年岱宗顶，烟霞暂怡悦。常恐尘土姿，邈与名山绝。安能从君游，醉踏苍龙月。

王士禛

字贻上，山东新城人，官刑部尚书。著有《渔洋山人集》。

由米堆山下行至上杨村钱家磡望湖中渔洋法华诸山

杖策信忘疲，行行画图里。崎岖下云壑，苍茫望烟水。石径何盘纡，疏篱照梅蕊。寥落重湖滨，柴门数家市。居人太古风，但解牧鸡豕。语我种植法，敦朴有奇理。冬作多晏眠，春寒常晚起。虽非冉里俦，颇谓桃源比。逶迤到湖湄，浩渺叹观止。震泽控三江，波澜此方始。法华表东陲，渔洋正相似。烟雨春空濛，峰峦暮俶诡。昨朝梵天阁，远眺如隐几。岂知方丈山，忽落芒鞋底。欲乞五湖长，垂钓将已矣。

新秋杨子桥舟中

秋声渡杨子，一雨凉飔发。秣陵暮潮归，瓜步残钟歇。无事悲客心，旷如久离别。横笛起宵阑，孤篷见微月。

宿长干寺

支公邀我宿，清夜开南轩。龛灯照维摩，跏趺寂无言。下帘启北牖，山夕烟景昏。中夜微风作，凉雨洒林园。宿鸟稍惊起，时闻嘉树喧。枕簟生夕凉，炉香歇微温。劳生疲津梁，聊息应对烦。

金陵晓发

月落骠骑航，潮生镇西宅。蒙蒙远林树，烟景纷如积。烟际下渔舟，树杪带行客。何处金陵思，秋江苇花白。（渔洋山人五言短篇，潇澹欲绝，源于韦苏州。）

魏忠贤葬衣冠墓宏丽甚慨然有作

恭显坐中书，能死前将军。赤伏尽钩党，祸始诛李云。读史长太息，闵彼汉运屯。我来西山游，极目多邱坟。何人穿复土，双阙高嶙峋。天禄与辟邪，夹道纷错陈。大书复深刻，似欲骄千春。冢中玉蟾蜍，变化亦有神。岂知穷奇骨，不得安穸窀。牢石与五鹿，弹指随飙尘。嗟哉阳司隶，毅魄为青磷。狐貉同一邱，无事劳沾巾。松风催落日，泥饮当千巡。西望咸阳原，石马嘶荆榛。

卧佛寺

清晨越南涧，毕景来东林。石径入幽圜，稍闻钟磬音。禅房鸭脚古，别院桫椤阴。春夕月复佳，微云灭遥岑。山气自蓊郁，天宇亦森沉。道人澹相对，松风洒衣襟。夙怀清净退，因识妙明心。寂寥无可说，请君张玉琴。

晚入退谷却寄孙北海先生

谷口远烟冥，水石起寒色。西溪有归人，东峰隐余日。积雪封巉岩，微径雪中出。残冰流复断，暗泉听还失。不知荒寒中，前峰去安极。稍见觳觫牛，怅望归飞翼。侍郎昔挂冠，于此散愁疾。画壁沧洲图，结屋云林侧。溪南万竿竹，岁久渐蒙密。为述净名意，更就支公室。惭叹解巾非，何年此栖息。

望华山

关中八水汇，清渭独朝宗。黄河西北来，交会船司空。河流挟底柱，岳势分弘农。山河两戒首，气压殽函东。金天正肃杀，屹然白帝宫。削成五千仞，真宰散鸿濛。及关见岌嶪，元精罗心胸。倏忽云气生，西接终南峰。诸峰忽已失，俛首趋河潼。峨峨司寇冠，独立青云中。苍茫望三辅，秋气去安穷。荒唐秦皇腊，寂莫希夷踪。何当驾白鹿，还共骖茅龙。

七盘岭

七日行褒斜，目聩耳亦聋。浊浪崩崖垠，征衣碎蒙茸。不知天地阔，讵测造化功。岌然土囊口，鸡帻摩苍穹。磴道上七盘，大翮排天风。绝顶忽开豁，白日当虚空。褒水出谷流，汉江绕其东。巴山跨秦蜀，蜿蜒连上庸。川原尽沃野，天府如关中。橘柚郁成林，稻苗亦芃芃。襄阳大艑来，千里帆樯通。当年号天汉，运归隆准公。将相得人杰，驱策芟群雄。一战收三秦，遂都咸阳宫。智勇久沦没，山川自巃嵸。跋马向褒国，日落烟濛濛。

听张晴峰员外弹琴

爱君园林好，花药幽蒙非。渌池澹将夕，苹末来清风。美人惜流景，目送孤飞鸿。何以写我心，清响寄丝桐。班姬泪秋殿，箕子伤离宫。潇湘渺云水，星月寒鱼龙。谁知园客丝，窅默含无穷。屈茨闲空侯，繁音今人聋。希声爱遥夜，思尽神相通。卷帘灭明烛，月上闻秋虫。

送邵子湘之登州

我闻大九州，香海环其外。稗海内络之，万川势交汇。禹贡周职方，中央浮芥蒂。邹衍不可作，畴与辨茫昧。昔者始皇帝，东巡极海岱。海神架桥梁，大鱼射澎湃。号为秦东门，刻石表朐界。三山在水下，其事颇奇怪。邵生列仙儒，远游信所届。遥飞阜乡舄，往抚天吴背。龙跷陵丹崖，九点烟凝黛。崭绝日主祠，敻与之罘对。日月影动摇，岛屿光破碎。朝潮激天轮，夕汐裂地肺。巨鲸若连山，奋鬣云尽晦。时见新罗船，墨点空青内。广乘渺何所，归墟谁负戴。木张悉文雄，髯才更十倍。归来述沧溟，始信九州大。

屈大均

字翁山，广东番禺人。著有《翁山诗外》。

寿母二首

西山有青鸟，奉使何温恭。朝登麻姑台，戴胜相随从。中妇献缃襦，小妇调丝桐。阿母乐欣欣，饮酒颜鲜红。三花结萱草，千叶开芙蓉。念我托神仙，不婚如青童。幽幽匏钗星，独处银河东。

罗浮五色鸟，绛翎是君王。生男为鸿鹄，生女为鸳鸯。嗟予有两妹，口噤难衔将。风雨日漂摇，常忧巢穴伤。侯光方赁舂，令晖日缝裳。穷苦不遭时，令母怆中肠。婿胥若珠玉，女淑宜糟糠。庶几抱潜德，来共拜嘉庆。

哭嶭姜三首

采采荼蘼花，花露红以滋。为姜作面色，光艳使情怡。之南市石黛，之北市燕支。芳香用未毕，蕙草忽已萎。幽镜生红埃，罗帏交网丝。笑貌若流光，一绝不可追。

西北多佳人，平生性所慕。驰侠至秦中，荷卿爱词赋。朝共恒嶭游，暮指潇湘路。并马榆关行，同车梅岭度。妆罢弄图书，酒酣射雉兔。欢娱及闲暇，嬿婉忧迟暮。我情日以柔，汝姿日以嫭。竭力媚闺房，不为荒淫故。宁知忘忧花，一旦摧朝露。积思成狂疾，寻子向邱墓。

相如还成都，衣裘尽贳酒。自刺美人赋，消渴恐不寿。脸际芙蓉花，谁知先速朽。幽欢惜永绝，盛颜难复取。笔床销翡翠，杂佩捐琼玖。服玩尽棺中，箱帘无所有。同穴尚无期，我留为慈母。殉尔一鸣琴，暂作黄泉友。

李邺嗣

号杲堂，浙江蕲县人。

秋　怀

南登白云山，巨磐万年在。老藤缘若梁，苍虬俯承盖。崩剥傍壑深，日漏陷其内。我行已及巅，得与飞鸟会。忆自伏蓬茨，三年渐短喙。咽灵犹未干，苍茫丧兰佩。岂意躐危岩，复窥天地大。延颈始一歌，林木助幽籁。云黑古西陵，东望哭再拜。朱喙暮归来，迢迢关水外。

万古最伤心，兰亭夜半雨。六陵失金镫，守此一锹土。亭下孰长号，寒食盂中黍。云岚几处同，故宫吊陁堵。长溪不了愁，岂在吾生补。茧足走空山，忍饥采葆旅。五年八徙家，枯鱼重入釜。愁来不敢言，吞声食苦苣。六籍方扬灰，腐儒等厮卤。隙壁小漏光，当涂见斗虎。欲哭且莫高，诗人敬天怒。

出乌石山后失道

习僻厌平阡，岐道入榛莽。笮足不肯回，牵拂坚初往。稍进益无天，竹叶大逾掌。隙处触瓣云，日脚不落坏。视体若郾松，渐伛安得仰。两袖竞翅张，冒棘先用颡。导者未识谁，后趾蹴前绱。人兽尽无音，但闻碎箨响。三里幸出丛，目光久曭莽。始见樵子行，讶我反山魈。

得　杖

既出贺险尽，瞻前乃复陡。小憩对古松，支离类此叟。策足耻言疲，终落仆夫后。山人指爪强，拗竹等拗韭。怜予进一茎，兹意感君厚。忽若当颠危，倚身得奇友。山魈不敢争，空潭战蚴螺。翼足若渐轻，影逐孤云走。大谓二子云，腾岳等培塿。

至郧峰草堂

此亦梵宇耳，其名曰草堂。老僧无衲气，处士同行藏。半扉辨客屐，引我坐藜床。酬客讷言词，坐久喜其戆。自云山寺瘠，脱粟不满瓨。鸟鼠念僧贫，留果充粻粮。旧栽扶老竹，新业藕花塘。左有泉一潭，木石养幽香。绿烟常不散，盟肺汲鸳浆。劝客且坐此，消受星气凉。

自大嵩岭上二十里至福泉精舍

舍舟上樵径，晴眺分纤毫。循涂凡屡盘，获奇随所遭。崩崖露云根，长风势渐饕。诸峦徐束体，始识身已高。过雨忽足下，发上天气交。在舆尚苦疲，何况舁者劳。首虐乘人车，筋力嗟尔曹。斗上复稍垂，豁然辟林坳。老松得成鳞，岩土抽春毛。梵僧构幽栖，人龙同一巢。入门气得苏，豆荀罗山庖。到此惭浮名，徒为猿鸟嘲。我何不径然，将家住藤梢。

同周甓堂过宿东皋草堂作二首

爨火冷中厨，仓卒具菁荀。贫乱各东西，对此亦悃悃。薄酒遂五觞，黄齑更手扪。半生几主客，烛花未敢尽。各自郁中肠，鹿卢语相引。山鬼不得来，严霜断前畛。

忆昔始值君，君年十八九。布衣见试官，我独把君手。随为万里行，茫然隔杯酒。吴越异风烟，尺书亦难有。岂知再值君，鬅松各钳首。移凳重黯然，开颜自知厚。独此老华冠，崎岖报良友。相勖在终坚，古巷闭深柳。

王又旦

字幼华，陕西郃阳人，官给事中。著有《黄湄诗》。

苍龙岭

削壁突断绝，微径始跻攀。长虹驰远影，飞落青冥闲。迅飙两崖起，猎猎云气还。连峰若动摇，我行亦孔艰。天色扑莲花，瑶草何斑斓。陟危千万虑，旷望忽关颜。璇宫应不远，从此排天关。

夜坐仰天池

穷日凌崀崿，我行亦云疲。散发卧绝顶，疏星下清池。峻绝五千仞，晻翳何可窥。白云上下飞，深松罗四垂。欣无职事绁，得与山灵期。延伫不知反，风林露华滋。高视但青苍，一气回坤维。鸾鹤如可驭，终焉谢磷淄。

落雁峰看月

冥色起西山，虚壁孤峥嵘。天风赴万壑，松涛向我鸣。大荒静游氛，素魄忽已生。感此不能寐，坦步中林行。雾市传张超，博台思叔卿。云车久寂灭，念之幽愤盈。茫茫盼下界，万事徒纵横。俯仰谢物役，澹然望太清。华星低绵联，崿嶂纷倚倾。静夜守孤影，何人知此情。

大风雨自玉井归西峰宿范湘滨道人复庵作

越嶂探玉井，日照东林木。云气生壁上，须臾荡虚谷。爽籁激幽响，大雨一何速。群帝忽来下，乘跷纷相逐。桂旗连宝羽，飘飘低以属。天色变多端，一气自回复。徒侣对面失，苔滑阻纡曲。纷吾身何托，暂憩云中屋。稍觉心魂安，更旷登临目。倚斜千山松，偃卧一迳竹。莫漫嗟险艰，庶几惬幽独。入夜展道经，孤灯照人宿。

矶上待月寄怀胡君信

雨后绿阴繁，凉气生七泽。遥念石庄人，林间岸轻帻。缺月未离海，残霞忽敛夕。独鹤下烟江，渺渺楚天碧。

古从军词三首

离家从远戍，荷戈日已深。野风起枯杨，鸣雁多苦音。潮没黄陵庙，雪落云梦林。沮沼阻长驱，万马空骎骎。贰师不好谋，我力恐难任。永捐父与母，男儿岂无心。

奉命移旧垒，车徒发皋兰。四顾莽萧萧，野气蹙天寒。万灶驻桃林，男女杂旌竿。红粉隘大路，马上明绡纨。昔日随都尉，令严不遑餐。一鼓斩女子，勋名永不刊。

秣马临青漳，漳水咽不流。两河多绿草，王程尚悠悠。五日视豆莝，十日饬雕镂。月余大蕃息，惜哉时已遒。戈鋋明落日，猎骑出长楸。淹留将奈何，空与狐兔雠。

魏　礼

字和公，江西宁都人。

水庄早起

云旭映平林，烟水流晨熙。重露草未起，沾我裳与衣。天地一浑噩，因知孩提时。驱犊驯出皂，濈濈行斜蹊。农夫气闲暇，荷锄过田畦。见此诚心乐，好情都已微。

吴嘉纪

字宾贤，江南泰州人。

吾　庐

吾庐清溪中，年久半倾圮。圮者不复问，存者还欲倚。老梅共横斜，撑拒临流水。有客念颓废，赠粮令葺理。负戴骇邻人，升斗分匠氏。仍缺石与木，来朝卖一家。力作何纷纭，痴儿间老婢。窗牖次第明，巷径复委委。家人意颇贪，指点旧基址。乃欲典衣裳，更求广居止。微笑谓家人，户外寒方始。且留此隙地，以待春风起。我自荷一锄，种菜柴门里。

送王幼华归秦

步登郭外山，伫看去轮转。登山未及巅，去轮已远远。远远尚隐隐，黄尘条隔绝。归人望白云，送者指明月。愿为前涂月，昏晓尤皎洁。一更照君宿，五更照君发。

送　友

缓急尔何赖，道旁皆懦夫。分明跨下走，相见惟踟蹰。枯罂思酒浆，空掌思干将。干将令怨平，酒浆愁思忘。二物不能得，棹船去避仇。坚刚忍绕指，翔鹰聊变鸠。鸠鸣前村晚，细雨开梨花。行人欲借宿，谁是鲁朱家？

赠王秋涧

王生九尺躯，双腕最有力。自称草野臣，提刀能杀贼。家破仇未报，亡命走江北。黄金买红袖，将身委声色。荒淫不得死，无聊弄笔墨。楮颜与黄董，生气盈绢幅。时贤慕绝技，他乡遂孜食。怀中一寸心，到老无人识。

许　旭

字九日，江南太仓人。

偕魏惟度赵双白集张研铭斋

日日逢佳燕，清言接数公。重来竹林下，散发坐疏桐。沧洲思逾邈，晦拙全微躬。赖此岩壑人，啸咏生清风。羁旅慰愁寂，契阔多从容。元云恣白鹤，青阳照孤蓬。一卮快襟期，四海罔弗通。吾侪贵放达，落落惟心胸。死便将我埋，何必忧乘墉。嵇阮千载上，高寄将与同。

傅　山

字青主，山西太原人。

饮　马

马驽人不奇，刍豆日在皂。马良人过求，飞驰尝不饱。恶马逢少年，磬控长安道。采俾金月题，辟人夸姣好。踏杀良家儿，如同践蒿槁。烽台火夜明，将军事征讨。传令选上驷，驽恶各自保。良者三两骑，左右将军纛。沙漠万里程，安得善水草。长嘶西北风，筋力不奈老。苦乐既已殊，驾驭无颠倒。

张彦之

字洮侯，江南华亭人。

依　古

月明照户牖，清风吹芳兰。人生能燕乐，列坐希令颜。几席明以洁，尊酒幽且闲。商摧见情性，诙谐纵笑言。岂顾千秋调，聊尽终夜欢。栖息槁梧下，仰视河汉间。甲第连吴越，英豪偕盘桓。促促时已暮，栖栖情未阑。秋气良足咏，安知人事艰。

寄钱开少滇南

渊明感晋亡，幼安悯汉促。自古无全人，安能致明淑。一身情有余，万里行不足。衡山穷荆阴，零陵践南服。岩壑郁嵚崎，山川萦重复。词赋非务闲，栖迟同竖牧。人事悲沉沦，天道哀倚伏。千秋竟何人，曷以守幽独。

卷　二

五言古诗

侯方域

字朝宗，河南商丘人。著有《壮悔堂集》。

咏怀二首

种谷城西村，夜出村西道。聚落生炊烟，场稼互收保。明月照大荒，零露寒宿草。啾啾双黄鹄，化为白头老。战伐三十年，常思太平好。

羌本名家子，雅志好诗书。杰材傲栋梁，美器重璠玙。秦皇尚武略，卿相皆史胥。两生背窃议，坑者四百余。儒冠若敝帚，瓠落为散樗。赳赳少年儿，纷纷乘高车。生无猿臂姿，起视但欷歔。

顾炎武

字宁人，江南昆山人。

登　岱

尼父道不行，喟然念泰山。空垂六经文，不睹西厨年。七十二君代，乃有封禅坛。书传多荒忽，注能信其然。既常小天下，复观邃古前。羲黄与尧舜，荡灭同云烟。社首卑附地。徂来高摩天。下视大海旁，神州自相连。天地有变亏，何人得升仙。遗弓名乌号，桥山葬衣冠。末世久浇讹，孰探幽明原。三万六千年，山崩黄河干。立石既已刓，封松既已残。太阳不东升，长夜何漫漫。哀哉一颜渊，独立瞻吴门。疲精不肯休，计昼无崖垠。复有孟子舆，眷眷明堂言。庶几大道还，民质如初元。上采黄金成，下塞宣房湍。何时一见之，太息徒潺湲。

钱柏龄

字介维，江南华亭人。

游通天岩阳行先隐处和牧仲先生

兰榾乱奔流，笋舆出幽徼。涧路凌高寒，晴空恣雄眺。越彼停云冈，石势愈巉峭。仙源湛水木，万古藏僻奥。鬼斧亦何工，玲珑凿一窍。硕人此盘薄，千秋俨遗庙。仰瞻愧后尘，冥搜托前导。更穷邃洞纡，忽讶悬崖倒。群山青蒙蒙，惟闻猿狖叫。既异少文游，良慰康乐好。想见开辟初，矫首发长啸。凭吊多古情，历览收众妙。讵惜下里歌，上拟白雪调。待缉薜荔裳，来卧芙蓉峤。为问岩栖僧，荒萝几人扫。

宋　荦

字牧仲，河南商丘人，官巡抚副都御史。著有《绵津山人集》。

盘山诗三首

发兴穷林峦，赖此孤筇拄。威纡循涧滨，曲折穿山坞。磊磊乱石堆，远近绝肤土①。时见岩穴中，几点桃含雨。路旁晾甲石，上有清泉吐。遗迹恐荒唐，姑听樵夫语。行经少林寺，宗风缅初祖。咫尺望中盘，对启青莲宇。微闻仙梵幽，寂历日亭午。塔院近可寻，池爱红龙古。谁从峭壁间，貌得钱塘怒。想像香台侧，震荡风雷鼓。淹留酌澄碧，游鲦粲可数。当春雄雉鸣，似应丁丁斧。高瞩凌晴空，遥探偕法侣。舒啸振丛薄，宁畏豺与虎。（晾甲石：相传唐太宗东征时遗迹）

校记：

①“绝肤土”：《西陂类稿》（清文渊阁四库全书本卷五作“无纤土”。

萱芽芼作蔬，松花采作饼。一饱不愿余，斜阳挂西岭。左踏屋角梯，万松如列屏。嵯峨紫盖峰，望去不见顶。石窟千年树，干作三尺挺。抚之讵忍去，长歌扣其瘿。右寻谈经石，陂陀更幽迥。虬枝少拘束，老此无人境。有句不能道，蹉如喉有骾。嘤嘤谷鸟鸣，徘徊步清影。天外九华高，直拟骖螭骋。

朝望白云来，暮移青松归。石迳屡延伫，余情实依依。返景带山谷，夕磬响岩扉。弄泉聊盥漱，寒色上人衣。道逢八十翁，谈笑共忘机。此中事事佳，岂独娱清晖。退寻入村舍，灯下蝙蝠飞。赋诗兴不浅，浊酒杯堪挥。五更望残月，流光破烟霏。倚马语童仆，我心仍翠微。

彭孙遹

字骏孙，浙江海盐人，官吏部侍郎。

雨中过白芒村寄高山人俨

春阴生骤寒，溪上无人迹。石笋清相罗，烟翠纷可摘。欲持三尺绢，写此春山碧。却忆山中人，远在龙池宅。惆怅不同游，白芒风雨夕。

鱼梁滩下泊

冥色起何处，忽然云水昏。春烧如新月，远挂山一痕。寒禽呼木杪，暗虫沸草根。遥见冥际火，知有林外村。孤舟欲栖泊，石溜浓云奔。羁族一无托，菀结难自论。矫首眺天末，踯躅劳心魂。

李良年

字武曾，浙江秀水人。著有《秋锦山房诗》。

秘魔崖

山行及朝晖，烟销翠屏敛。空林钟始鸣，禅刹灯犹闪。屋顶出层崖，山僧解指点。石门净如拭，莎径绿于染。呖呖鸟还树，泠泠泉出险。二龙渺何处，废碣莓苔掩。独爱数小松，百岁阅荏苒。虽未干云霄，苍然秀春崦。静观了可悟，浮生当自检。及此涤尘心，且憩松闲簟。

九岭

昨者暑气清，岚瘴喜初散。幕府有程期，鸣钲戒宵半。残月不到地，松梢耿河汉。冥冥列炬移，灼灼萤火乱。空山悟无始，静里阅昏旦。九岭争一隅，径窄中每断。我行尚层冈，仆夫复深涧。浮生付飘忽，肩腋楚人惯。不坠良偶然，履危岂无叹。转苦冻日逊，坐待火云烂。稍稍荆扉开，人语出沙畔。前途方遥遥，平明且须饭。

徐　倬

字方虎，浙江德清人，官侍讲。

苦寒行二首

枯桑鸣坠叶，霜气袭衣襟。嘹嘹雁离渚，淅淅风在林。悲哉客游者，朝暮苦寒吟。朝寒伤客体，暮寒伤客心。闻古有君子，吹律回严阴。此理诚非谬，我亦抚鸣琴。柱促悲风结，离弦多苦音。何如金闺彦，华灯烂锦衾。苦乐诚殊势，客处愁难任。

出门常苦寒，何况远行役。行役涉长道，崎岖历阡陌。幽林猴火明，修坂严霜白。层冰方峨峨，衰林自槭槭。凌晨策驽马，欲行且复却。不畏客涂远，所忧岐路隔。枯蓬离本根，裴回将何适。京阙峙浮云，朱门热可炙。非不有阳和，岂照无衣客。伶俜雨雪中，北风伤绨绤。

高　咏

字阮怀，江南宣城人，官检讨。

愚山招过慧力寺

湖西城南端，绵邈多连林。夏首天宇和，绿畴布繁阴。使君眷邱壑，风日畅追寻。朋友亦具来，招携偶然遂。松路暖晴云，兰皋竦轻辔。苍苍郁平楚，远见唐朝寺。古殿被阴苔，飞甍出深翠。当门萧水横，急涨如奔雷。水光荡虚碧，金地无纤埃。冠山成新亭，四角临江开。环亭秀嘉植，枇杷及桐槐。游子憺忘归，披拂散愁疾。佛院吹名香，僧厨饭落日。高怀庐岳社，能事沧洲笔。沙晚水禽稀，风定飞虫密。孤郭聚帆樯，烟火横江出。

潘　耒

字次耕，江南吴江人，官检讨。

碧云寺

香台俯洪濛，群山四环卫。龙宫豁然开，楼阁涌空际。丹霞夹飞甍，珠树荫密砌。峥嵘神鬼工，照耀金银气。壮观何能尔，创此自中贵。坡陀山头蒙，规模更宏丽。黄肠隧道封，玉鱼便房闭。丹青俨祠宇，特敕蒙葬祭。丰碑刻鸿文，历历元宰制。行人不能读，识者发叹忾。中官古来有，扫除职微细。念其犬马勤，帷盖斯可瘗。奈何滥恩私，王章亵奴隶。官号借治司，封土同带砺。所以蓄神奸，毒焰流海澨。然脐未快心，谁令此埋胔。苍凉金粟堆，寝殿非昔制。兹何尚巍然，石门锁松桂。谁能手斧柯，千春扫氛翳。

香　山

层峰秀菡萏，香山内为菂。鲜明夕阳里，葱茜可揽摘。独秀自天语，幽讨富奇迹。霜钟吼云雷，汤泉应潮汐。三春俯杏海，茫茫浪花白。至尊[①]昔来游，名僧此卓锡。云旗丽雕甍，翠辇冯玉舄。凄凉劫灰余，万事改畴昔。秋风语塔铃，寒月泪铜狄。壮观不可追，岁序如箭激。徘回荒冈头，感此长年客。

校记：

①至尊：（清）杨兆鲁《遂初堂集》（清康熙刻本）卷一作“人王”。

送谭舟石之官榆林

男儿蓄大略，边势须洞晓。但披一卷图，曲折岂能了。所以经奇人，驱马涉无皂。谭侯文武姿，风云郁怀抱。天借一边城，仗节榆关道。榆关落叶多，千霜未曾扫。咄哉河南地，瓯脱痛遗老。牧儿领盐池，猎马风汉草。籓篱得无疏，防虞须及早。饷道陒鱼河，边烽逼吴堡。土门十八寨，旧额今多少。屯营与互市，利害宜细讨。我亦倜傥人，风尘苦潦倒。行将关华游，扪云叫苍昊。有日弹剑来，春盘醉玛瑙。相携青眉峰，指点天山小。

卦　山

卦山交山阳，孤峰独崔嵬。下眺一气中，稜稜露岩崖。森如六爻列，错若万卦排。我来正雪霁，寒空无纤埃。群峰皎练明，万柏攒一苔。远见介山巅，干霄白皑皑。近瞩文城城，微茫辨楼台。文峪下西溪，汾川自往来。连山走黄河，屏扆却抱回。谁言万家县，形势亦壮哉。守险在良牧，济世须雄才。利铁锢穷岩，健马嘶风哀。刘渊亦何人，石匣为之开。苍天不可问，浩歌舒远怀。

至清凉谷十数里红叶漫山溪流清驶如行图画

晋山虽巄嵷，而无林木秀。眼豁此山椒，十里张锦绣。如逢江湘客，山灵巧相斗。玄霜百万斛，丛薄染新就。黄翻新鹅羽，红闪闺人袖。过雨晚未起，蒸岚薄能透。溪回境弥清，石桥吐哀溜。磴道披蒙茸，天地别气候。幽有山鬼啼，寒无日光溜。丹果仍罗生，细细不可究。其叶乃枫林，其实如橘柚。不穿深林行，焉知图画厚。灵境不可亵，呵护资怪兽。尘根冀能冥，虎窟吾将蹴。

玄阳洞

玉洞闭灵府，万古丹泥封。搜剔自近代，乾坤豁壶中。想像众山腹，一窦潜相通。朱明启南牖，林屋开东窗。谅无灵威术，神怪畴能穷。禅房倚绝壁，俯视云容容。湖天白无影，明涛荡我胸。小舟如伏槛，远屿如张篷。宛宛海浸月，稍稍林受风。此中有奇趣，吾将问支公。支公不我答，冥色来疏钟。

石　公

平冈连绵来，一峰斗入水。苍龙下饮湖，鬐鬐秀角起。遥观既耸杰，近睇仍怪伟。一罅划中开，群峭纷上指。梯空势将堕，阁险力不倚。冷冷扣星魄，落落扪珠蕊。瘦无沙点黏，润有波纹洗。霜骨六月寒，苔花千岁紫。世人赏佳名，名奇无过此。天然列仙玩，削成瑶池里。区区宝一拳，鄙哉牛与李。

冯廷櫆

字大木，山东德州人，官中书舍人。

欲游苏门不果

苍茫乱云西，落落射潭影。隐隐苏门山，恍惚露灵境。中有披发翁，读易消画永。云卧啸台侧，鸾音出半岭。我作大梁客，黄尘没腰领。西风断续吹，山径孤烟冥。欲往从之游，足绁无由骋。感叹区中缘，商歌激清颍。

汲　冢

圣经陷秦坑，古史轶东观。王迹堕渺茫，纪载杂其赝。岿然襄王陵，秘义资幽赞。烟昏鸟迹残，土蚀竹简断。详究杜预言，博采《束皙传》。金玉梁丘藏，谭易公孙段。逸书七十五，亡者将过半。我读《纪年书》，起自轩辕战。笔争董狐良，义与

《春秋》贯。王季文丁采，桐宫太甲变。世儒守师说，遗文坐荒诞。悠悠亿万年，事往难臆判。访古历山川，怀奇征文献。夙愿纷未酬，中夜起三叹。

潘　高

字孟升，江南金坛人。著有《南村集》。

初春古意

问著弄潮儿，江南有信来。江南春路短，日长梅正开。昨夜折江梅，寄我山中客。人家舍西头，将晓收残月。种梅满洞口，忆梅过太湖。梅花如春草，茫茫路欲无。入山不忍尽，下山元独宿。钟清何处寺，花浅谁家屋。方从浦口饮，春风已杏花。莫待杏花落，轻云又日斜。

晓上焦山绝顶至暮归宿山庄

初日江泷泷，荒烟不可罢。稍见芦洲出，茅茨已如画。人行穿鹘巢，路窄盘石罅。几时攀险绝，早已惊衰谢。峭茜插寒空，孤骞勒奔泄。一尽巅崖趣，旋从别径下。落木响空山，潮声杳清夜。既归路非远，欲渡风稍借。可怜江上月，先我在茅舍。山重一雁呼，窗暗青灯灺。有酒即相倾，无酒还当贳。

访山人

西村对茅屋，相隔惟烟岚。昨来浦口宿，殷勤问石潭。正逢射鸭人，门前柳毵毵。所有一孤櫂，横在清溪南。钓丝恐未具，借得邻家蚕。何当共尊酒，时卧花间庵。

送友人之中州有怀同社并陈子其年

临觞送君发，正值榴花时。雨过风萧然，空江浪迟迟。行行君所经，冉冉子所历。若宿伊阳村，为望嵩山月。致我平生友，寄我一行书。相看成契阔，鬓发复何如。陈子未相识，相思亦已久。为我一问之，知有南村否。归云带雁飞，清霜点客衣。旦晚有题字，即报溪南扉。

正月十三日作

寥落归空村，蓬户无箕帚。邻里未几见，焉能答溪友。朝来风日佳，出门一矫首。偶然会所适，杖屦过邻叟。自从入春来，新句亦时有。如何杯酒间，早已在人口。去年腊月初，门前疏种柳。已能受轻风，即看拂短牖。三月三日时，柳花覆尊酒。几人醉夕阳，好事犹能否。今我一卧病，欢娱隔绝久。何当具扁舟，江湖入吾手。钓竿亦须把，蓑笠应自守。此意傥萧条，空愧家中妇。

忆幼子

少年会有役，辛苦何足言。四十今过二，向后多衰年。拨弃悠悠情，当从予所便。夜分转恻怆，披衣立前檐。忆我去冬时，种麦来溪田。小儿才五岁，叱叱扬耕鞭。随我至溪畔，背我弄溪泉。日暮徐来归，持锄趋我前。今春忽假馆，僻近西山偏。牵衣频送我，正傍溪田边。溪水亦活活，溪麦亦纤纤。自从别家来，岁月如流迁。麦今已可刈，儿亦向谁怜。我今欲反棹，遇事苦迍邅。如何方伫立，东望惟云烟。

蒋本生

字臣父，湖广零陵人。孝廉。

相庄道上

孤云往九疑，偶坠寒山路。兰荪有奇情，栖托寄深雾。飞翔势尚存，烟光出高树。当时嵌中空，意与幽人住。幽人不可逢，竹风吹石雨。

饭僧

老僧负瓢笠，语音清灵泉。云向九疑去，寻山宿孤烟。为君饱松屑，缓行凉风天。万峰明月深，溪溪香黄连。白云不见人，相见知何年。

顾景星

号黄公，湖广蕲州人。著有《白茅堂集》。

葺园二首

荒墟渐庐舍，迩来成四邻。园丁既老病，灌溉殊苦辛。幸免麇鹿龄，翻嫌犬豕獭。非关篱落缺，斯媪抱为薪。念彼生理困，未忍加詈瞋。寻思插芒棘，刺手伤吾仁。物情好苟得，刑罚谁见悛。疆场且寇盗，小犯安足嗔。唯当重风化，浸使薄俗淳。士林尚廉耻，敷教修彝伦。上无苟且政，下有让畔民。干戈自偃息，化日长如春。

昨宵风雨壮，日出课我童。樊椤既粗葺，设酒邀邻翁。妪稚攀树根，柈沥亦得通。三申守望义，飞讲和睦风。皆云前搂取，多出于流庸。蓐炊而露食，迫此水旱穷。闻言动隐悯，语罢还深忡。假若设官榷，岂亦容剽攻。处分一失职，攘敚纷相从。草野弄金革，朝廷问玉弓。人性本忠厚，天心原大公。怀柔王者术，孚格道所隆。搔爪有何益，蹯稻终无功。乃知鄙夫志，用意苦不洪。坎坷构世乱，何以托吾躬。漆女惜园葵，安知中所恫。

徐夜

字东痴，山东新城人。

初夏田园

朱夏辄复变，深绿日以肥。感彼生物勤，节候曾不违。清晨荷锄出，田间人尚稀。观物适自然，时见朝雉飞。林木透微影，背暖犹恋衣。不惜筋力疲，但恐坐食非。作劳有时息，高舂行来归。端坐抚素琴，可以理朝饥。

邵长蘅

字子湘，江南武进人。

送董舜民游五台山

我闻云代间，兹山神仙窟。碑版虽茫昧，图经忆仿佛。黄河右萦缭，恒山左嵂崒。壑凝六月冰，岩嵌千年雪。松柏森地底，绝顶但石骨。五台五芙蓉，诡状斗奇绝。东埵古雪峰，俯视见溟渤。半夜天鸡鸣，日照蓬莱阙。西埵秘魔岩，天池神龙穴。危磴干云霄，复嶂隐日月。南埵益嵚崟，林麓互蓊蔚。仙花昼缤纷，钟声暮超忽。北埵覆宿堆，古柏枝郁屈。一气俯大荒，化城时灭没。中台万仞余，削成表崒屼。下方走雷雨，阴崖缠虹霓。弯环太华池，窈窕珊瑚碧。君携绿玉杖，兹游恣探历。四月别蓟门，青青陂陀麦。五月渡滹沱，襬䙴触日赤。遂登青凉台，结夏住绝壁。跣脚踏层冰，山风冷心魄。予本岩栖人。颇受谢公屐，失足辞故山，留滞京华陌。逸兴坐飞翻，送君徒掎摭。烦君语山灵，后期傥来觌。

蒋　铽

字驭鹿，江南武进人。

侍宴浑河观渔应教

驾言发浑河，游情散炎晖。沙润鉴苹藻，浴鸟涵光辉。刳木荡容与，目动心意微。顾兹乐相乐，波激云飙飞。密网被回湍，人力纷相依。宴衎饫旨酒，烹鲜兼击肥。饱德匪自今，眷怀良独希。任公事千古，庄惠理无违。谁复解秋风，幽思当言归。

吴　雯

字天章，山西蒲州人。著有《莲洋诗》。

幼华给谏游太华得结屋地属予赋之

车箱谷口云，白照松间路。谁能访叔卿，岩窦一身度。黄门具奇情，振策御风步。万仞入洪濛，理胜境无怖。鳌转晦明错，树老丹青误。俯见苍苍原，明河王东注。骤雨忽翻瀑，肘腋蛟螭怒。须臾豆长虹，关陕半呈露。径侧修竹倒，石迸垂藤护。相逢紫烟客，目击道皆寓。斋房肉芝香，石囷松花聚。卜居志已得，突幽坐成趣。嗟我生劳劳，入世每多惧。梦系毛女坛，身远将军树。日日对晴莲，尘容自生妒。何年便结邻，同住云生处。

贵人园子

秋尽天宇高，巉岩澹空绿。曷来三径外，得此万竿竹。文窗互盘亘，绮榭交回覆。吹箫下凤皇，弹棋上鹦玉。山分蓬峤近，水折沧溟缩。悠悠物外情，渺渺壶中宿。谁言乌鹊桥，宛对鹦鹉谷。

春初过问津园

河流带残雪，轻舟问前渡。沙软没屐齿，柴门向溪路。却登水上楼，遥见海边树。大野浩茫茫，春鸿正东去。花隐弹棋局，日照吹笙处。舞巾超距远，争席藏钩误。归涂画桥北，避棹起飞鹭。回首糟邱台，苍苍隔烟雾。

暮春雨中阮亭先生招集善果寺得曲字

古寺城西隅，寺路直还曲。幽人此来往，渐与山僧熟。煮茗石幢下，石鼎轻烟覆。一花余春荣，众阴长夏绿。松深鹤唳静，竹动鸟飞速。人生一世间，光景如转烛。宇宙旷无垠，何为自刺促。胜侣欣招邀，佳时值休沐。名香风过院，仙梵雨垂屋。向晚孤霞明，白云低檐宿。苍苍林月上，世界明金粟。归涂重回首，遥山寄遐瞩。

题张杞园浮家泛宅图

海气何茫茫，海风犹浩浩。日上琅邪台，孤霞在云表。常慕羽人都，沧波肆幽讨。尘羁未得去，屡负苍苍岛。之子水仙侣，浮家谢机巧。载书满船头，双鬟更娟好。似恋鳜鱼肥，系缆近芳草。风樯白鹭过，雨柁垂杨扫。何不便飒然，竟访成连道。帆行鼋鼍上，青俯齐鲁小。世外见桃花，千春不知老。

赠王屏侯

红发东园梅，绿破西津柳。省论眼前事，且酌花下酒。冰鱼不计钱，江橘嫩盈手。风土致不恶，故国亦何有。昨夜海气寒，不知山雪厚。君家白牛溪，龙门在其右。开畦种薯蓣，霜落收蒲藕。醉乡好日月，清景岂相负。每到春雁时，可忆横汾否？

陈于王

字健夫，顺天宛平人。著有《慎思堂集》。

昏黑泊天门山下

水声兼风声，灏溔势荡漾。乘思举抓篷，箭驰千里浪。鹢首失崖翠，远峰迭万状。路穷朝光促，景灭夕烟上。冥色连空江，冷气来叠嶂。渺然迷处所，经危生惆怅。渔火屡兴没，隐现辨博望。陈醴解悴颜，魂定色乃畅。微星灿北斗，物我皆无恙。

洪　昇

字昉思，浙江钱塘人。著有《稗村集》。

晓行新泰道中

烟岚暗不分，朔风散清晓。丹霞夹初日，半出远林杪。万松霜霰凝，苍白争萦绕。西岭特秀绝，孤云生缥缈。山寒绝行人，天长数飞鸟。飞鸟去不见，青山行未了。

石　门

先贤逝已久，予亦宿石门。天寒鸟自归，林表斜阳昏。吏隐计难得，讵知忧世屯。栖栖辙环老，吾道垂乾坤。

至淮水

鞭垂马行缓，爱此淮水碧。烟波澹无际，微云暧将夕。野鹤唳远天，征鸿聚空泽。一闻渔者歌，惆怅远行客。

朱载震

字悔人，湖广潜江人，著有《东满诗抄》。

晋游二首

荒鸡惊梦破，游子远行迈。天岭气交割，青萦但一界。残月透石罅，余辉烛幽怪。当涂礌磈充，车轮为之隘。上有千尺藤，连璅复布罥。攀缘畏倚倾。惴惴临深戒。

朝登羊肠阪，威迟向壶关。三里步百回，形神了未闲。块然数岫露，枯攒突如简。蒙杞受风力，槠柟拒霜颜。绿冈兽扑朔，巢云鸟飞翾。秋色天边来，倏满五龙山。山上有神人，可望不可攀。

马陵关

矗矗马陵关，崇墉倚天脊。林迥郁岩峣，攒丛刀剑划。杰疑碧汉穿，拆惧坤轴裂。下有肖形参，上有摩云柏。古雪映月稜，杳冥动坚白。避雾豹隐文，忍冻鸟堕翮。巉绝不可升，蟠径愁木客。野人尚穴居，修绠引甗瓯。顾予方徬徨，惊心还震魄。大都山灵奇，于焉什一获。此地多贤豪，贤豪已云昔。

蒋景祁

字京少，江南宜兴人，官同知。著有《东舍集》。

伏波庙

云台画功臣，新息独不与。远嫌没勋实，去取乖毁誉。龙蛇方斗争，几先择真主。回翔竟不归，风云会轩举。五溪阻且深，一鼓气如虎。顾盼惜壮年，矍铄勇堪贾。薏苡蜚语腾，宫侧起谗蛊。公匪一将荣，犀贝何足数。松固乳臭子，无乃累建武。薄游沅江滨，灵祠立江浒。遗事征故老，英风尚千古。慨然怀昔贤，功名想铜柱。

袁启旭

字士旦，江南宣城人。著有《中江纪年诗》。

天都峰

兹山通帝座，合沓朝百灵。其下根地肺，其高穿列星。阳窦翕紫洛，阴壑渊员瀛。太乙相钩连，列阙垂金庭。郁华避恒陆，霾昱非常经。赤须御长蚪，高树骖云并。幢节香飘飖，玉女何娉婷。游戏纷九阂，申旦光荧荧。息心有独往，冲举无修翎。祥飙扇珠旗，天乐时咿嘤。终然内景开，足使双瞳清。太上想未遥，企予炼仪形。

登始信峰望散花坞

朝日晞阳林，暮雪沈阴峰。结侣转危石，连袂飘凛风。枯荄交鹿迹，飞柯绝猿踪。上瞩崇冈坡，下聆绝壑淙。列卉无凡想，苍藤有鬼工。群袖尽离立，孤标绝依从。何年天女来，环珮香蒙茸。遗英缀为芝，隐映成金容。至道傥未遥，采撷神或通。手挹灵溪泉，身骑丹鼎松。眷言赏心者，良会斯来同。

午后投松谷庵僧导至黑龙潭憩石

牵侣入松门，步步接香叶。眷彼山中人，云霞在几舄。朝朝采松英，暮暮餐松液。法因龙象开，地以凡真别。桃花乱如烟，朵朵飞蝴蝶。更有千篔管，琳琅戛霏雪。空潭杂坐卧，石漾波明瑟。倒映丹霞峰，容成傥可接。将母驾鹤来，天风响铁笛。

泛舟至雷峰步登南屏绝顶下憩净慈寺

轻烟袅素波，花明见微磴。舣棹柳港阴，遂跻层峦胜。浮图积古色，石竹隐凌竞。山风何飘飘，吹被上萝径。苔藓重逾腻，松柏森犹劲。峰回万象开，水迥孤霞映。绀宇嵌空冥，精蓝窈深靓。一叩苍扃幽，便涤尘襟净。邈然人代感，缅想真如境。浮生胡攘攘，至理谁复证。安排在岩栖，朝昏永游泳。

循烟霞洞下岭至石屋洞

晨兴涉乱山，亭午憩修畛，岩高哀狖吟，树密春禽隐。交藤路渐披，独鹤径徐引。石窦闭玄冥，巨灵吝真境。开凿自何年，潜虬遁虚牝。海气通平远，寒烟锢深迥。雕镂非一壑，险仄有孤岭。仙室越阴凉，人世异朝冥。渴欲漱乳泉，饥将摘松菌。于此托赏心，无劳慕张邴。

陈允衡

字伯玑，江西南城人。

答熊奉常

客心伤岁晚，倚棹闻歌声。歌声一以歇，谷响寒潭清。孤舟不能发，古调感中情。曾是澹荡人，忽为尘网婴。严郑长遁迹，张邴甘辞荣。岂无好爵縻，千载高其名。邱园可栖迟，文史足经营。俯首徇世务，无乃负此生。君言良非夸，吾愿亦易盈。行当携妻孥，白首从耦耕。

谢重辉

字方山，山东德州人，官员外。

春　日

晴日登远山，山青云复鲜。遥遥望春色，迢递下寒烟。薜萝翳深谷，杂树插高天。鸡犬来疏篱，见人殊依然。对岭谁细语，笑歌猿相连。牧童吹短笛，牛背闲盘旋。悠悠下山去，濯缨玉华泉。泉流幽以清，令我不能还。

法海寺寻澄上人不遇

岩嶂悦飞鸟，烟雾足空山。蒙蒙隔千重，树杪看人还。悬崖涌绝壑，麋鹿喧其间。我来叩远公，落日闻潺湲。回溪长松风，遗构见石斑。平生羡真隐，宁复倦跻攀。山僧不可识，坐对白云闲。

纪映钟

字伯紫，江南江宁人。

送胡彦远南归

记昔乙酉岁，断发出奔走。城西黄叶村，安禅傍枯柳。潭风送早秋，山雨堕窗牖。零单两瘦僧，煮茶自相耦。跗坐无他言，一卷常在手。问为谁氏诗，赏之不容口。展帙觉异色，竟读嗟叹久。铿然声律高，定识精力厚。既道姓名罢，行藏更非苟。澹比松下禅，坚类柏舟妇。一家河渚栖，梅花带左右。入林恐不密，数峰当户守。内子亦苦吟，研山问井臼。置君神仙中，无乃图画丑。此语今十年，梦魂未尝负。荦荦千秋名，沦落同敝帚。投刺长安道，错愕辨真否。烧灯韩子庐，浊醪倾几瓿。平生性命欢，独此堪不朽。长歌贻蹇修，再歌示良友。环堵生烟云，真怀动星斗。何意超古初，祇不落人后。春到理归鞍，故人备粻糗。却恨邢台令，夺我西山偶。离合固难期，曰归勿回首。湖上多桃花，涧中嬴南亩。莫带长安尘，轻点溪头酒。

李中素

字子鹄，湖广麻城人，官闽县知县。

御帐崖观冻瀑即始皇封五大夫处

千盘历绝巘，松瀑乃益奇。插天下九州，冻立寒须眉。玉屏照御帐，浩劫堆玻璃。参其凝合理，顿渐难思维。当由力少懈，遂受天风吹。断者因直突，奔者仍倒垂。余丝溅松叶，珠缀纷磊磊。巃嵸肖山骨，硬啮苍龙皮。松性本直拗，义不受瀑欹。鳞鬣屡扼险，摇吼常挐追。就中五老干，夙被强秦知。其三没何代，竟作谁家炊。惟余两朽秃，横竖随时宜。略无廊庙气，偶蒙斤斧遗。鹄立万派中，若见先民仪。未知遇汉武，何以伤兴衰。七十二封禅，停辇恒在兹。时来各自得，世远还成悲。惟有悬崖下，高风无尽时。

从甘露寺峭壁直上十里至功德顶

何人悬一龛，乃误系山凸。栖鸟不得留，其坠可转瞥。奇怀生扨胆，单急易束结。头承前人居，脚踏后人额。伛偻进掌膝，十步得五歇。横如燕趁巢，直若蚁附垤。开窗看雁背，据槛唾虎穴。天风吹片云，下界已成雪。不知何处峰，苍苍数痕灭。老僧尽瘿赘，面目半龟裂。云与山半僧，已作十年别。归涂蒲伏下，怖畏杂喜悦。日入反市廛，双足尽蹴躃。

王　隼

字蒲衣，广东南海人。

仲冬陪尹澜柱铨部陈元孝林叔吾入羚羊峡怀梁药亭

晴云散暮霞，落日万山赤。寒风峡中来，吹我江上楫。峰势截长江，倒影竦双壁。溪声欺老松，微波荡怪石。俯骇坤轴崩，仰觉河汉窄。危磴人类猿，绝岸舟如叶。叠巘结寒姿，岩断孤烟接。密林匡寺古，萝径垂石发。枉渚鼋鼍骄，澹瀩蛟龙沫。显晦理或然，神物含冥漠。把酒对山公，突幽怀谢客。睽违未移旬，寸心若积雪。矧乃览山川，狂歌谁与发。欲寄山阿人，霜花岂堪折。

游七星岩

平原澹朝晖，策马郭北路。轻云停乱峰，明灭寒烟树。入林逢老僧，指我岩中去。盘纡若覆盂，石齿如垂缕。鸟道缘秋毫，嵌空谢尺土。造物秘青冥，日月不到处。把烛连袂行，阴风吹石乳。幽石隐沦栖，云窦积灵聚。人生百年内，罕值山川趣。既惬探幽情，复遇赏心侣。踟蹰还旧山，终惭玄豹雾。

曹　寅

字子清，满州人，官工部。著《荔轩集》。

岁暮远为客

晓灯寒无光，驱马别亲故。残月堕枫林，荒烟白山路。十年游子怀，惜此岁华暮。载咏无衣诗，何以蒙霜露。

姜宸英

字西溟，浙江慈溪人，孝廉史馆纂修。著《湛园稿》。

来青轩

兹山最岹峣，开轩冠群峰。岩峦互回合，缺处当其中。金轮涌海底，白波翻回风。鸟随碧水尽，水将银汉通。爽气落户牖，遥想凭虚空。雁齿没山骨，龙鳞凋松容。昔闻翠辇过，尚看垂露浓。阅世有代谢，葆道资无穷。所以广成子，终日游鸿濛。

松　磴

中天结绀宇，从木时窥蔽[①]。磴道交绮术[②]，疏泉筑文砌。盘盘入窅冥，落落无根蒂[③]。松风恍可悦[④]，遂此成小憩。平皋下夕阳，暮景腾纷翳[⑤]。飞鸟之所没。孤云奄其近。谁为感子心，抚石自凝睇。

校记：

①原文：业□时□□，据（清）阮元《两浙辖轩录》（清嘉庆刻本）卷十补订为“从木时窥蔽”。

②原文：□□交绮术，据（清）阮元《两浙辖轩录》（清嘉庆刻本）卷十补订为“磴道交绮术”。

③原文：落落无□□，据（清）阮元《两浙辖轩录》（清嘉庆刻本）卷十补订为“落落无根蒂”。

④原文：□风恍可悦，据（清）阮元《两浙辖轩录》（清嘉庆刻本）卷十补订为“松风恍可悦”。

⑤原文：暮景□□□，据（清）阮元《两浙辖轩录》（清嘉庆刻本）卷十补订为“暮景腾纷翳”。

卷　三

五古长篇

五古长篇乐府推焦仲卿妻作，有唐则惟杜陵《北征》、昌黎《南山》二章为绝后空前之作，宋时临川、山谷虽间有长篇，笔势终不逮也，附记于此。

钱谦益

字受之，江南常熟人，官礼部尚书，著《初学集》、《有学集》。[①]

校记：

①清乾隆二十六年华绮刻本中“钱谦益”作者小传抽毁，由清康熙三十六年（1697）蒋国祥刻本补录。

渡淮闻何三季穆之讣[①]

今年罢官归，太岁在乙丑。端阳发潞河，盛夏过界首。家童远来迎，冲炎送粮糗。山妻书一纸，颇问平安否。楮尾一二行，倚斜字难剖。似言旬月间，失我平生友。摩挲以为无，瞪视良复有。熨眼添昏花，撞胸类杵臼。呼童细问之，老泪迸如浏。吾友生东海，松柏出培塿。少小凌辈行，长成压侪偶。譬如眉著面，又若冠戴首。江山胸郁盘，龙蛇笔蚴蟉。读书富等身，赋诗捷叉手。心耻章句蠹，目笑儒生鲰。读史窜豕鱼，注经理科斗。荦卓故不群，经济雅自负。贯穿贵与前，畋渔渔仲后。大事窥掌故，小物识杂糅。制度令甲乙，职官志谁某。东南水沟洫，西北旱田亩。食货纷榷盐，河渠费堰帚。往往穷原本，一一贯枢纽。尤谙将相略，能发功利蔀。嫌疑决毫厘，支离削骈拇。世事供涕唾，流俗丧械杻。求志良已奢，用我挟以走。煌煌著作庭，济济俊乂薮。引君著其间，夫亦何恧忸。四十误儒冠，变奇不成偶。揣摩双鬓丝，射策寸心呕。面颜委尘土，文章付蒙瞍。转喉已触讳，鞠躬亦蒙咎。雉罗罹尤时，雀角狱再掊。蜀犬争自吠，晋獒或有嗾。悖悖孤愤盈，戚戚忧生久。一从吾党游，磁铁永相取。雒诵然宿火，清言酌言酒。寒灯吐残花，春盘荐新韭。夜雨泊小舟，明星坐高阜。陶陶移日夜，忽忽过卯酉。石渠滋同异，坚城互攻守。史家订朱墨，文苑薙稂莠。破愁仗酒兵，白战启辨牖。角逐急追逋，欢喜快爬垢。拍案岂好辩，绝倒呼善诱。屏风僵倦仆，邻墙起睡叟。伊子苦颛蒙，乘马不知牡。以友为鞭策，频年赖击扣。傲兀喜见君，敝衣不掩肘。长风起青苹，高霜肃蒲柳。摧颓塌翼时，使我气亦陡。辩博开心蒙，坚强剥颜厚。直谅而多闻，夫谁出君右。去年京江别，临分出苦口。自言星星发，不纡若若绶。室无伶玄妾，家有冯衍妇。功名今已矣，归与老釜覆。明发易前期，岂谓诀尊卣。宦海多喧豗，世运值阳九。戛戛上竿鱼，蒙蒙丧家狗。尚期与亲串，笑谈共蔬蔌。斯人今不存，有酒谁鼓缶？俯仰一凄断，哀歌向南斗。嗟君不遇时，被褐泣琼玖。习习鸟触笼，圉圉鱼在笱。视天信梦梦，闵人实怮怮。云胡信宿闲，鬼伯坐相趣。盛年顾日景，壮志蔽墙钡。筹策罢东略，简编绝西狩②。巫阳逝不招，灵璅邈难叩。高高不可论，耿耿何时朽。意者视不含，无乃柩或吼。强死能为厉，前志岂云苟。闻君病弥留，危坐视棋枓。清明饬衣巾，暇豫戒朋旧。室家本逆旅，儿女同鷇縠。逝将归乐土，相与宿春臼。从兹离怨亲，况乃念谖诟。装严办早发，夜尽罢千掫。快若辞穿络，行矣脱绳纠。知幻剖胶革，观空饷瓶瓿。报尽期种莲，瞋忘岂入藕。荆凡无丧存，彭殇何夭寿。是梦本非真，一觉了不受。哀哉蝇蚋群，竞此貛貉吅。死已醒嗙吃，生犹叹于喁。斯言吾亦赘，君其笑窭薮。

校记：

①渡淮闻何三季穆之讣：（清）钱谦益《牧斋初学集》（四部丛刊影印崇祯本）卷三作“渡淮闻何三季穆之讣赋九百二十字哭之归而酹酒焚诸殡宫以代哀诔”。

②筹策罢东略，简编绝西狩：原文阙，据（清）钱谦益《牧斋初学集》（四部丛刊影印崇祯本）卷三补录。

吴伟业

字骏公，江南太仓人，官国子祭酒。著《梅村集》。

送何第五

哲人尚休官，取志不在岁。贤达恃少年，轻心拨名势。神仙与酒色，皆足供蝉蜕。在已本欢娱，富贵应难累。婆娑彼颓老，匪止妻孥计。栖栖守腐鼠，自信无余技。嗟我岂其然，今也迹相类。同事有何郎，英怀托深契。三十拜侍中，向人发长喟。拂袖归去来，故园有松桂。世网敢自由，乡心偶然遂。樗散却见留，送之以流涕。我昔少壮时，声华振侪辈。讲舍难笼巅，宾朋屡高会。总角能清谈，君家好兄弟。缓带天地宽，健笔江山丽。凭阑见溢口，传烽响笳吹。海寓方纷纭，虚名束心意。夜半话挂冠，明日扁舟系。问子当时年，三十甫过二。采药寻名山，筋力正强济。濯足沧浪流，白云养身世。长放万里心，拔脚风尘际。昔为云中鹄，翩翻九皋唳。今为辕下驹，局促长楸辔。梗楠蟠枯根，天阴虫蚁萃。纵抱凌霄姿，萧条斧斤畏。时命苟弗谐，贫贱安可冀。过尽九折艰，咫尺俄失坠。凄凉游子装，诀绝衰亲泪。关山车马烦，雨雪衣裘敝。长安十二衢，画戟朱扉卫。冠盖起鸡鸣，蹀躞名豪骑。通籍平生交，于今悉凋替。磬折当涂前，问语不敢对。衰白齿坐愁，逡巡与之避。禁掖无立谈，独行心且悸。解后君登朝，读书入中秘。父子被诏除，一堂共昆季。呼儿争出拜，索果牵衣戏。回首十六年，踪迹犹堪记。荏苒曾几何，万事经兴废。停觞重剪烛，相对加歔欷。我行感衰疾，腰脚增疲曳。可怜扶杖走，尚逐名贤队。薄禄贪负闲，忧责仍不细。扈从游甘泉，淅淅惊沙厉。藉草贫无毡，仆夫枕以块。霜风帽带斜，头寒缩如猬。入门问妻孥，呻吟在床被。幼女掩面啼，灯青照残穗。白杨何萧萧，冲泥送归榇。尔死顾得还，我留复谁为？旁有亲识人，通都走声利。厚意解羁愁，盛言推名位。不悟听者心，怛若芒在背。忽接山中书，又责以宜退。卿言诚复佳，我命有所制。总未涉世深，止知乞身易。闷即君过存，高谈豁蒙蔽。苦乐来无方，穷达总一致。同是集蓼虫，以此识其味。人生厌束缚，摆落须才气。君初丞相家，祖德簪缨继。吐纳既风流，姿容更环异。披史妙纵横，论诗富裁制。激昂承明廷，面折公卿议。文士寡先容，疏通得交臂。驺哄访当关，休沐杉齐闭。良工铸干将，出匣蛟龙忌。趣驾度太行，踌躇弃骐骥。矫矫朗陵公，竟下考功第。老夫迫枯朽，抱膝端居睡。虽称茂陵病，终乏鸱夸智。逊子十倍才，焉能一官弃？早贵生道心，中年负名义。蹉跎甘皓首，此则子所愧。君今谢尘鞅，轻装去如驶。双桨石头城，木落征骖憩。过我儒林馆，寒鸦噪平地。函丈无复存，依旧晴岚翠。明年春水深，客兴烟波趣。莺啼笠泽船，花发龙沙醉。高堂剖符竹，尽室千山内。郡阁绕鸣滩，日晡散人吏。无书悼迁斥，有梦伤迢递。岭雁时独飞，楚天树如荠。双眼渺荒邱，片帆忽而至。家人迎棹立，爱子趋庭慰。谁云谪宦愁，老觉君恩最。共上郁孤台，侧身望燕魏。惆怅念故人，沈吟不能置。三载客他乡，一朝遽分袂。劳生任潦倒，失志同飘寄。少壮今逍遥，老大偏濡滞。举世纵相识，出门竟谁诣。太息行路难，殷勤进规诲。后会良可希，尺书到犹未。相去各一方，天涯隔憔悴。开箧视此诗，惝恍不能寐。

哭志衍

予始年十四，与君早同学。君独许我文，谓侔古人作。长揖谢时辈，自比管与乐。强记矜绝伦，读书取大略。家世攻春秋，训诂苦穿凿。君撮诸家长，弗受专门缚。即子之太公，亦未相然诺。高谈群儿惊，健笔小儒怍。长涂驭二龙，崇霄翔一鹗。遂使天下士，咸奉吾徒约。词场添两吴，相与为犄角。煌煌张夫子，斯文绍濂洛。五经叩钟镛，百家垂矩矱。海内走其门，鞍马填城郭。云间数陈夏，余子多磊落。反骚拟三湘，作赋夸五柞。君也游其间，才大资磨斫。诗篇口自哦，耆记手频削。冠盖倾东南，虚怀事酬酢。射策长安城，骢马黄金络。年少交公卿，才智森喷薄。会值里中儿，飞文肆谣诼。要路示指纵，党人罹矰缴。君也念急难，疏通暗筹度。阴落其机牙，用意于莫觉。逡巡白衣奏，停止黄门狱。解褐未赴官，归来卧林壑。宾客益辐辏，声华日昭灼。生徒丐谈论，文史供扬搉。贫贱诸故人，慰存馈衣药。蹑履修起居，小心见诚恪。重气徇长者，往往捐囊橐。君家夙贵盛，朱门饰华桷。垒石开棂轩，张灯透帘幕。唱曲李延年，俳弄黄幡绰。舞席间球场，池馆花漠漠。兄弟四五人，会燕腾觚爵。盐豉下鱼羹，椒兰糁凫臛。每具十人馔，中厨炊香䅽。客从远方来，咄嗟办脾臄。昨宵已中酒，命饮仍大醑。而我过其家，性不胜杓勺。小户不足纠，引满狂笑噱。卷波喝遣输，射覆猜须著。狎侮坐上人，斗捷贪谐谑。警速谁能酬，自喜看跳跃。坚坐听其言，乃独无差错。亲疏与长幼，语语存斟酌。性厌礼法儒，拘忌何龌龊。风仪甚环玮，衣冠偏落拓。有时不簪巾，散发忘盥濯。中夜斗歌呼，分曹纵蒱博。百万一掷输，放意长自若。绝叫忽成卢，众手皆敛却。男儿须作健，清谈兼马矟。犯雪披轻衫，笑予尔何弱。尝登黄山巅，飞步临峭崿。下有万仞潭，徒侣愁失脚。搔首凌云烟，翘足傲衡霍。顾予石城头，横览浮太白。慷慨天下事，风尘惨河朔。诸将拥重兵，养寇饱卤掠。背后若有节，此辈急斩斮。自请五千骑，一举歼首恶。余党皆吾人，散使归耕获。即今朝政乱，举错混清浊。君父切边疆，群臣私帷幄。当官不弹治，何以司封驳。对仗劾三公，正色吐謇谔。此志竟迍邅，天道何穷剥。六载謇邱园，一官落邛筰。大盗窃江黄，凶徒塞荆鄂。闻道携妻孥，改涂走蛮貉。瘴黑箐林行，飓作泸溪泊。驿路出桄榔，侯吏疑猿玃。歇鞍到平地，倏逢锦城乐。问士先严扬，恤民及程卓。白盐古戍烽，赤甲严关柝。再拜蜀王书，流涕倾葵藿。请府发千金，三军赐醽醁。宾旅给犀渠，叟兵配骝骆。此地俯中原，巨灵司锁钥。水柜扼涪江，石门防剑阁。我谋适不用，岷峨气萧索。黑山起张燕，青城突庄蹻。积甲峨眉平，饮马瞿塘涸。生民为俎脔，丑类恣啖嚼。徒行值虎豹，同事皆燕雀。孤城遂摧陷，狂刃乃屠膊。有子逾十龄，艰难孰顾托。阖门竟同殉，覆卵捶完壳。一弟漏刃归，两踝见芒屩。三峡奔荆门，鱼龙食魂魄。梦断落沧江，毋乃遭搏攫。郫筒千日酒，泉路无寂莫。追计平生欢，一一犹如昨。壁间所悬琴，临行弹别鹤。王子文楸枰，尚记争残著。百架藏图书，千金入卷握。刻意工丹青，云山空绵邈。箧中白团扇，玉坠鱼瀺灂。阿兄风流尽，万事俱零落。我欲收君骨，茫茫隔山岳。后来识死事，良史曾谁确。此诗传巴中，磨崖书卓荦。石剥苍藤缠，姓氏犹扪摸。庶几千载后，悲风入寥廓。

偕穆苑先孙浣心叶予闻允文游石公山盘龙石梁寂光归云诸胜

大道无端倪，真宰有融结。兹山在天壤，灵异蓄不泄。万窍凌虚无，一柱支毫末。疑岂愚公移，愁为巨灵拔。刘根作堂奥，柳毅司扃鐍。谁启仙人闾，系我渔父枻。刻镂洪蒙云，雕锼大荒雪。或人而痀偻，或马而蹄啮。或负藏壑舟，或截专车节。或象神鼎铸，或类昆吾切。地肺庖丁解，月窟工倕伐。石囷封糇粮，天厨甃涓洁。重隒累瓿甑，短柱增栌棁。瓜瓤觚稜剖，木皮槎枒裂。皑皑黄河冰，炎炎昆冈爇。岭岈舞辟邪，㷔䶎张饕餮。斗起耸云关，一道通箭筈。碧藕玲珑根，文螺宛委穴。丹梯蹑而上，郁郁虚皇阙。突兀撑青旻，插地屏障列。一身生羽翰，百尺跨虹霓。断涧吟枫楠，飒爽侵毛发。侧窥漏日影，了了澄潭彻。鸡声出烟井，乃与人境接。回思顷所历，过眼才一瞥。秦皇及汉武，好大同蠓蠛。齐谐不能志，炙輠不能说。郦桑二小儒，注书事抄撮。陋袭李斯碑，阙补周王碣。关仝亦妙手，惜未适吴越。嵩华虽云高，无以斗巧拙。时俗趁姿媚，烟峦漫涂抹。妄使伧父辈，笑我骄蚁垤。京江吸金焦，汉水注大别。流峙合而汇，奇气乃一发。睥睨五岳闲，谁与分优劣。扶杖一村翁，眼看话年月。昔逢犹儿童，今见已耄耋。昨闻县帖下，搜索到鱼鳖。讶彼白鼋逃，无乃青草竭。却留幽境在，似为肥遁设。当年绮里季，卜居采薇蕨。皓首走汉庭，恨未与世绝。若随灵威去，此处揽藤葛。子房知难致，欲荐且扪舌。浮生每连蜷，尘界尽空阔。谋免妻孥愁，计取山水悦。入春桃李过，韶景听啼鴂。篮舆累亲旧，同载有二叶。穆生老而健，孙郎才且杰。彼忘筋力疲，我爱宾朋挈。过湖曳轻帆，入寺憩深樾。老僧谐语笑，妙理攻曲糵。晓起陈盘餐，饱食非粗粝。桑畦路宛宛，笋孱行兀兀。快意在此游，失记遗七八。平湖铺若茵，磐石几人歇。蹲踞当其旁，拒户相支遏。黝黑声訇稜，欲进遭嗔喝。侧肩仅容趾，腹背供磨轧。下踹薛磴牢，上觑崩崖豁。攀跻差毫厘，失足忧一蹶。前奇慕先过，后险欣乍脱。歌呼杂龆穉，嬉笑视屦袜。君看长安道，高步多差跌。散诞来江湖，蒲伏羞干谒。头因石丈低，腰向山灵折。四月将已逝，天时早炎热。挥汗何沾濡，惊飙俄凛冽。归来北窗枕，响入山溜彻。不寐话夜凉，连床拥裘褐。晚岁艰出门，端居意骚屑。闲踪习羁旅，逸兴贪放达。跌荡冯夷宫，游戏天吴窟。将毋神鬼怒，亟遣风雨夺。胜事满现前，得失归勇怯。衰老偕故人，幸喜兹游决。他年子胥涛，百里闻咤咄。鳍鲔随风雷，颈锁金牛掣。鲛人拭床几，神女洗环玦。硠磕打头滩，澎湃溅飞沫。噌吰无射钟，嘹亮甤宾铁。孤客为傍偟，嫠妇为凄咽。那知椟柁下，我辈行车辙。再拜告石公，相逢慰饥渴。既从人间世，忍再洪波没。志怪作大言，嗜奇思神物。肯学杨焉镌，愿受壶公诀。缩之入怀袖，弄之置盆钵。栽松云气上，蓄水云根活。长留文士玩，勿被山君窃。尝闻峋嵝峰，科斗尊往牒。剥蚀存盘螭，扪索嗟完阙。此山通巴陵，下有神禹札。后代文字衰，致起龙蛇孽。我有琅玕管，上洒湘娥血。濯足临沧浪，浩思吟不辍。未堪追阳冰，犹足夸李渤。隐从烟霞闭，出供时世阅。刻之藏书岩，千载应不灭。

方以智

字密之，江南桐城人，前官检讨。

书友人粤行纪后一百二十四韵

我读《粤行纪》，长歌三四阕。此事入青史，金石可以锲。中兴赖留守，功高齐嵲嶭。浮海来公孙，公孙洵人杰。自从抚粤军，邦家悲杌陧。卷地腾风波，陵谷变凹凸。五载田园倾，支措余穹窒。省亲代父母，望云眼可抉。伶仃一书生，艰难愁蹩躠。孤身万余里，出门河其决。戊子腊月朔，从此负羁绁。适有刘文华，具舟相提挈。吹箫算资斧，囊不满三锊。南屏叩老僧，倾橐恻行潎。蒿坝脱绿林，天台遭雨雪。两足冻入髓，五更犹凛冽。乘黑冲毒雾，夜饭裹麦糏。十日见瓯城，旅舍相逢瞥。同盟赵秋屋，先已过东浙。接得高堂信，回顾心惙惙。刘君归取资，拾薪晨自爇。且复畏阙津，缩首苦日暍。喜遇新安商，呴沫扶孤孑。因入沙埕关，里巷俨巾栉。便附安海艘，火岛望中蔑。晻霭指高州，音尘海外截。石井复开帆，黑洋风暴飕。洪涛撼天地，喧豗心胆裂。悲啸惊蛟龙，汨影叹鱼鳖。河伯真望洋，海赋信磢洌。幼安能从容，恭祖免差跌。仗庇东北风，正柁救漂潎。得泊吴川港，陆程有前辙。五月至苍梧，翘首鹳鸣垤。觅船叩郡守，探札白藩臬。讹言桂林省，烽燧正侵轶。赵子请先行，郡斋息疲苶。翼日绣衣请，蓝缕羞呐呐。始睹王父书，绸缪桑土彻。整衣催棹楫，水涨溢隄埒。一夜三十丈，堙市淹枨楔。突拥控弦兵，淘掳如草窃。蛇豕荡神州，荼毒存余孽。避敠向封川，徒步猛趋蹶。小道通临贺，茅檐伴栖桀。荒村久畏兵，柴荆半扃 镉。盛暑喘赤日，雨汗杂流歠。乃抵昭江郡，重跰力已竭。桂林闻孙来，倚门望日昳。大母更焦愁，病中数惊睛。岂谓在大墟，遂此先永诀。闻言仰天号，奔驰探前跌。既至拜王父，齐衰牡麻绖。千涕复万语，左右助呜咽。援笔记其事，中间甚曲折。我叹公孙来，春秋大书揭。今复惠前绥，负笈入岓啮。盘辟亲把臂，英气露颉頏。倜傥非常流，啮啮所不屑。手持诗与书，腰佩环与玦。暇日登高楼，三月闻鶗鴂。家乡生远念，人生痛离别。飞蓬自相依，芳草薄言撷。开卷激中怀，发声凄以切。申鉴写忠耿，离骚托隐谲。忤时隘鹦鹉，对酒唱蜻蛚。披襟共谈论，半酣耳后热。每嗟世家子，纨绮骄相媟。薰衣袭芬菲，甘脆间荈蔎。空发庾信哀，或谓桓晔拙。隐忍守妻子，饮水菽可啜。胡为冒险阻，独行投罦罬。摩穹识大鹏，历块见騠駃。子有旷代姿，志在古人列。出入神鬼间，驱走豺狼穴。肝胆摄雷电，眼光射虹霓。且以武侯卧，揣摩苏张舌。博浪椎可中，霁云指可啮。努力报天子，昼夜当衣铁。挽弓三四钧，鞘中刀自掣。骑射壮九井，北园歌驷铁。下马作露布，燕然拟碑碣。偏安在岭表，刿圭冕用惊。组绶何累累，繁华纷彩缬。公孙笑视之，荐绅毋乃亵。太兴殊宽容，元康未综核。安仁枉望尘，大连惜刚讦。痛饮哀顾荣，贾祸怜郝絜。鹝鹈善衔矢，鬼蜮互蒙蔑。客谁赠扑满，器谁鉴饕餮。仓卒难整暇，苟且为明哲。民苦南塘出，又伤西柄渴。荒瞜断牛犊，被野网蝨蠚。羁縻贱茅土，除妖藉桃茢。元龟祷肸开，蓍策盥手揲。不才分沟壑，不食留井渫。遣间布声灵，蜡书愁漏泄。栋梁悲于忽，何况本榕棁。幸未染羶腥，殊难调曲糵。瞿氏在天下，泰山视遰逦。文章与事功，后代称殊绝。西粤有天柱，作屏开灌栵。留此虞帝祠，奇功比禹卨。天自祚本朝，沸海皦澄澈。元勋第一家，祖孙盛阀阅。东堂兴礼乐，抱经讲绵蕝。请为知己言，吹剑首者吷。长啸掩秋笳，唾壶不待缺。但书忠孝字，此字定不灭。山人感殊恩，病骨伤薄劣。

得子凌云气，俛仰心相结。鞭弭想夷门，三径甘毶毶。细席垂布帷，华筵自当撤。疗饥烹伏雌，肴蔌采薇蕨。山麓起沙尘，缁衣不愁涅。枕石漱流泉，涧溪颇芳洁。上下观古今，古今多奇节。南宫丹青画，本为君家设。伫望还故都，发肤有余烈。赐宴归云庄，九原欣然悦。男儿自有心，一斗千秋血。何必急解铮，漫与时人说。

潘　耒

再见

送白耷山人游三关一百五十韵

仲冬边日阴，窅墨天地闭。冻雪白差差，割耳朔风利。塞雁噤不飞，拳毛马如蝟。有何白发翁，踞鞍气凌厉。鹿裘披蒙茸，将整三关辔。三关倚绝漠，乱山莽迢递。翁也一布衣，冲寒有何事。鷤鹏翔八埏，醯鸡安足议。磊落况此翁，英名塞天地。本自江海人，一生踪迹异。请为缓声歌，梗概陈仿佛。炎精厄阳九，寰海剧凋敝。三边困飞挽，中原暗烽燧。经生尚咿嘻，雕虫角一艺。翁时方壮年，慷慨抱奇志。读书揽大略，博综资济世。阨塞究方舆，韬钤发金匮。卧床傲庸流，指囷结心契。岳岳俊厨间，垂手蓄诸弟。双鹅飞翟泉，大盗窃神器。攀髯痛遗弓，忠愤血裂眦。本家丰沛间，数往来齐魏。不爱万金产，奇材遍罗致。小妇缝军装，宗人裹铁辕。一呼从如云，喋血枌榆祭。五马渡江来，人心尚维系。昂藏谒幕府，促膝论大计。守江而画淮，痛惜河北弃。愿假一汉节，北走连青冀。进可捣黄龙，退犹作屏蔽。袁粲非雄才，湘东无下意。虚击中流楫，空洒新亭涕。客散五百人，仓皇之海澨。一指断淋漓，低头愬降帅。报韩志未立，蹈东亦奚济。弥空施矰缴，精卫将安避。男儿会死国，鼎镬非所畏。神龙患无身，肯受豫且制。一剑抉网罗，大索空秦帝。复壁竞藏赵，柳车争送季。转客九千里，埋名十八岁。终然脱险阻，无恙黑白卫。英雄固不死，焦原独掉臂。乃悟党锢人，骈首非勇智。我昔钦英风，企怀疲梦寐。游云在赤霄，孤踪无根柢。去冬客燕山，解后逢屠肆。今秋过晋阳，簦笠再相值。豪气称元龙，螟蛉二豪侍。猥以斥鹦姿，得把浮邱裾。悬瓮同扪萝，崛嵋双袯襫。平生所游历，一一烦指示。少小客燕齐，吴会久留滞。日观听鸣鸡，金焦辨螺髻。题诗玉泉山，虎须撩中贵。夙怀五岳期，欲穷九边势。迄乎构风波，翻快壮游遂。初辞砀山云，兔园披棘刺。睢水寒粼粼，双忠碧血瘗。酹酒博浪沙，祖龙魄余悸。西行入虎牢，鸿沟割如砺。恸哭广武原，嗣宗非佁儗。嵩高俯涧瀍，天阙屹双峙。十中非上游，卓哉挽辂说。渑池想蔺生，冲冠勇谁嗣。关中洵天险，四塞皇居邃。太华矗三峰，巨灵迹赑屃。独登苍龙岭，侧足攀铁缒。洪河吞八川，万山围崥堄。谁料一丸泥，呜呼天帝醉。径造长安城，浮桥北渡渭。甘泉连九嵕，蜿蜒去无际。汉殿与唐陵，一掬金人泪。东还涉蒲津，木罂笑儿戏。汾阴宝气沈，龙门怒湍沸。饮马豫让桥，太原余霸气。井陉关塞天，何人树赤帜。邯郸瑟可听，发台酒堪贳。曹瞒亦可儿，齷齪铜雀妓。三河及关中，形胜粗览既。将南穷巴巫，西驾不暂税。王屋寻济源，中条辨虞芮。最奇是三门，洪涛啮山蒂。盘涡拷雷霆，砯冲使心惴。载窥仙人掌，雪压终南霁。袖斜西谷间，木阁三十缀。盘盘出金牛，凿石五丁毙。大小剑门山，欲度那得翅。刘禅真奴才，姜维死余愧。绵竹过二江，锦城一何丽。天表双蛾眉，弯弯画犹腻。阵图蚀江涛，行列不可识。已具出峡船，兵戈阻东逝。却回趋阆中，夜火犯魑魅。豁眼嘉陵江，猿鸟静相媚。沿流下汉沔，扁舟激箭驶。襄樊楚北门，荆郢重关捩。可怜隆中人，生不逢刘备。梦泽呼神鹰，赤壁听鹤唳。夏口对武昌，江山错如织。恨不浮沅湘，哀平而吊谊。五岭虽巉奇，南戒之余蜕。部娄不足观，且鼓彭蠡枻。康郎拜功臣，飒爽魂魄毅。匡庐秀且深，十旬裹粮糒。插天九屏风，水帘千尺曳。下江过皖口，濡须城如厉。钟山白露新，石马汗犹渍。吹箫有伍胥，伐荻无刘寄。芜城哭相国，守冢余故吏。一饭漂母祠，飘然渡淮泗。过里不入门，驱驴走燕蓟。彷徨天寿山，白头泣中使。北出居庸关，绝幕风酸鼻。白登瞰沙陀，山后州十二。独石移旧城，丰州驻牧骑。踏雪登恒山，半空飞石坠。下临代雁门，宝符谁当界。五岳遗衡山，余者已遍诣。四列与三条，一经复一讳。大地错山河，我腹为箧笥。怪迂斥山经，疏谬补地志。土坏殊沃墝，风谣别刚脆。地气更休旺，天运迭隆替。登高望四荒，悲来独歔欷。剥藓题危崖，吮墨书破寺。朗若霜钟鸣，矫若海鲸掣。烈士泣亮音，幽人拾奇字。篇章豁胸怀，大略终未试。耳热击唾壶，壮心悲老骥。丈夫要裹尸，安能忽匆睡。太行天下枢，览眺须再四。顷复上林虑，黄花踏晴翠。遂来客并州，啸楼一登睇。宁武直居延，偏头火山炽。雁门走云中，三关若棋置。西以扼河套，外控沙漠裔。首尾常山蛇，锁钥寄不细。兹行并边墙，出入杂毡毳。屯营及隘口，聚米须悉记。一阳发地中，葭灰应律吹。威弧不直弦，参旗芒如彗。孰云乃翁衰，百炼犹弥锐。玉璜钓磻溪，铜柱标炎厉。居巢佐重瞳，夷门策无忌。人杰信天生，草间岂憔悴。我亦戴鹖冠，樊笼摆俗累。身无夸父杖，逐日恐颠踬。还期驭埃风，夭矫参天驷。晞发扶桑枝，万里遥相迟。

顾景星

再见

冬笋一百韵

蒙蒙千竿云，早早五更雨。嗷嗷寒猿号，咳咳栖禽语。娓篴连蛰动，蹙节伏虵跗。行须木策随，想入土锉煮。锦绷带汤浴，香水得酒萸。宝袜解更重，冰肌讶初睹。纤缠脱藕覆，玉趾露柔妩。近齿惜啮痕，亲唇殢妖蛊。冷含杨环玉，臁损孙寿龋。当其在空谷，爱护若处女。黔霖月望八，剁斫日忌五。扫林御泾蠹，远井避斥卤。逾时筐必纾，失壅节即盐。祸桥多冬县，遮拦要秋觑。僧嗥逐豝豕，童窳隘野尘。忍挐何随屐，难学道庆与。诗劳协律咏，考谢凯之谱。方法准赞宁，食单漏魏武。挑新急掩露，移故须过雨。小宜恤茧栗，大勿夸臂股。如桶固奢觕，多筋费龃龉。揆形较终葵，盈握中蜜杵。箨鞈润茸茸，苞嘴欃楚楚。甲臁表瑇瑁，叅栗裹璜琥。兹本南方珍，讵充北客篚。出山恣狼籍，八郭但争估。信宿既蔫烟，焬煠听媪姥。恨讥虺瓦吊，宝丧樵牧竖。姜桂尚非俦，莕蒿宁弗丑。有如南槟榔，合嚼西酱蒟。食经荀未备，诂义我当补。再从林中论，次取烹剥语。龙取幸无恙，孙孽庶得所。把值当春云，疏削省溽暑。菰生气如郁，蚸熠根叹朽。岁久化青宁，孔穿藏鼯鼠。洁愁蠕虱集，治必网烟去。客劣防倚摇，树恶斩枝楸。斜阳干半鹳，迎旭露多湑。震象为苍莨，东南固其圉。漫山任獮猿，取润仍渚屿。埋貍讵能菀，插稽岂遂圄。秋霆归寒泉，白露洒赤栩。跂穴赍宫驹，殷山听交虎。罨茅令土热，炁筱激萌怒。有若烧蛟龙，大旱则斯举。应钟琯律动，畅月阳气煦。巧发天地房，肯令生机皷。长安冰始窖，贫子夜乏绪。火逼草桥花，瓜茄亦粗有。此时山中人，饮水歌燕胥。冲寒扢新蔬，醲鲜贱肥羜。风味本自殊，食力亦非偶。栽培颇用心，采治略可语。尴尬辟风日，蹞髹覆笲筥。鬻市谨盖藏，远寓嘱封贮。茭蒲仅奴隶，莴苣敢偏伍。荐铊鄙荻芦，包鱼傲棕榈，方物虽各珍，风尚每相连。越柈甜餖飣，蛮俗酸筋缕。解醒稍藉酢，渍蜜良足呕。雷茁固已甘，电斑不妨苦。裘林号干腊，加盐称腌脯。杂芼总失真，犯铁亦弗许。篦刀贵同类，桑爨疑元绪。碎同梨堕树，芗胜蕈出醑。脂膏炒腥腻，瀡滫不犹愈。浇之以清泉，脱沸辄登俎。涤鬻臽余湒，嚼味到根距。椒豉少则良，韭黄差可辅。箊加清庙荐，品列中山府。菽闻大雅篇，药入神农部。醒醬曲生遁，消渴文园瘉。澹闷汤液攻，瘕滞烝煮主。遥思帝俊邱，每厌相繇沮。花开峨嵋龛，实结轩辕圃。凤丸有沃食，甘蔗瞿昙母。二者未遂奇，舍兹复奚数。入林望淞雾，相地俯偶偻。蛇行虑踆蹋，鹤步戒莽卤。双簪或骈插，孤笄每斜拒。长鞭环蜷蠷，微场发培塿。初如蚓坟窍，渐若垡起墅。旁逃趏篱厈，侧突杀坏堵。鄜窠正壅雪，犄角方戴土。印烘动苦匽，剸凌行复取。触藩春肯朒，致曲势尤努。籊拆鹊锻帑，根瓟鞚钉鼓。入春间胆螬，伏冻鲜瘠腐。不待谢豹啼，先怜鹦螺俯。奴痴压碓磨，儿戏覆瓮甒。愧此戕贼功，听其风雨吐。闻雷会张王，乘雪正卷娄。譬彼蕨采拳，又若茅拔茹。侵晨趁残月，入夜缚巨炬。饕将貙貐争，贪指篂舁奔。深锹砉欲泣，小审娇渗乳。西壁断足枪，呼儿预须拄。

卷　四

五言律诗

吴伟业

再见

呈李太虚先生

白鹿藏书洞，青牛采药翁。买山从五老，避世弃三公。旧德高文苑，长编续史通。十年金马梦，回首暮云中。

赠郡守李秀州①

偶值溪山胜，相逢太守贤。邀人看水阁，载酒上菱船。鹤料居官俸，鱼租谳客钱。今朝风日好，春草五湖烟。

校记：

①赠郡守李秀州：（清）吴伟业《吴诗集览》（清乾隆四十年凌云亭刻本）卷八作："赠郡守李秀州隆吉。"

项王庙

救赵非无算，坑秦亦有名。情深存鲁沛，气盛失韩彭。垓下骓难逝，江东剑不成。凄凉思画锦，遗恨在彭城。

晚　泊

寒锄依岸直，轻桨荡潮斜。树脱余残叶，风吹乱晚鸦。沙深留豕迹，溪静响鱼叉。乞火村醅至，炊烟起荻花。

课　女

渐长怜渠易，将衰觉子难。晚来灯下立，携就月中看。弱喜从师慧，贫疑失母寒。亦知谈往事，生日在长安。

任白受所藏松化石

高士无凡好，常思买一峰。如何三径石，却本六朝松。老笔应难画，名山不易逢。谷城相遇处，肯复受秦封。

岁暮送穆苑先往桐庐二首

客中惊过岁，又上富春船。烛影倚寒枕，江声听夜眠。石高孤岸回，雪重半帆偏。明日停桡处，山城落木天。

知尔贪乘兴，冲寒蜡屐忙。鹤翻松磴雪，猿守栗林霜。官酝移山榼，仙棋响石房。严光如可作，故态客星狂。

代　州

万里无征戍，三关却晏然。河来非汉境，雪积自尧年。老将空屯卧，残僧绝漠还。中原偏战斗，此地不为边。

过韩蕲王墓二首

访古思天堑，江声战鼓中。全家知转斗，健妇笑临戎。汗马归诸将，疲驴念两宫。凄凉岳少保，宿草起秋风。

诏起祈连冢，丰碑有赐亭。挂弓关塞月，埋剑羽林星。百战黄龙舰，三江白石铭。赵家金椀出，山鬼哭冬青。

宿沈长文山馆

一径草堂偏，湖光四壁天。焙茶松灶火，浴茧竹篱泉。玉鼠仙人洞，银鲈钓客船。前村呼种树，偶语石桥边。

宿徐元叹落木庵

落木万山心，萧条无古今。弃家归去晚，别业住来深。客过松闲饭，僧留石上琴。早成茅屋计，枉向白云寻。

三峰秋晓

晓色近诸天，霜空万象悬。鸡鸣松顶日，僧语石房烟。清磬秀群木，幽花香一泉。欲参黄檗义，便向此中传。

天马山过铁崖墓有感

天马龙为友，云山鸟自飞。定愁黄纸召，独羡白衣归。长卷心同苦，狂歌调已非。悲来吹铁笛，莫笑和人稀。

橐　驼

独任三军苦，安西万里行。铸铜疑鹤颈，和角废驴鸣。山负祈连重，泉知鄯善清。可怜终后载，汗血擅功名。

葡　萄

百斛明珠富，清阴翠幕张。晓悬愁欲坠，露摘爱先尝。色映金盘果，香流玉椀浆。不劳葱岭使，常得进君王。

豇　豆

绿畦过骤雨，细束小虹蜺。锦带千条结，银刀一寸齐。贫家随饭熟，饷客借糕题。五色南山豆，几成桃李蹊。

脍　残

弃掷诚何细，夫差信老饕。微茫经匕箸，变化入波涛。风俗银盘荐，江湖玉馔高。六千残卒在，脱网总秋毫。

燕　窝

海燕无家苦，争衔白小鱼。却供人采食，未卜汝安居。味入金齑美，巢营玉垒虚。大官求远物，早献上林书。

张文光

字谌明，河南祥符人，官副使。

送黄石公还江右

天涯同患难，尊酒慰离辰。孤棹缘新月，还家有老亲。山风摇宿鸟，江树隐归人。预与春光约，桃花共比邻。

姜　埰

字如农，山东莱阳人，前官给事中。著有《敬亭集》。

銮江杂咏

老去人犹在，春来客未还。侧身天地外，卜宅水云边。月照归栖鸟，江喧出口船。苦遭生意短，白发不相怜。

寓登州杏花村与莨青逵话旧

大道蓬莱下，烟波接海门。怀人桃叶渡，买酒杏花村。河北来无几，江南去敢论。可怜春草绿，不肯送王孙。

赁怀旧阁成二首

扬子亭中草，皋家庑下春。飘零千里远，散漫百年慵。野路穿江浦，秋花逼水容。王孙旧茅宇，将老许过从。

野老家何在，柴门晚自录。官宁似循吏，文实愧儒林。万里牙樯远，孤城水府阴。汀洲花满目，江雨欲登临。

宣州有感二首

南国迁流日，西京丧乱年。山城睥睨处，水树隐明边。花墅梁陈在，诗名谢李传。祇今成浩劫，未觉尽前贤。

何事缘溪云，悠然路转冥。竹林黄檗寺，风景谢公亭。湖草水全暗，江天山更青。沧洲吾意远，白发况星星。

九日登越州稷山和弟垓

越国兵尝斗，风尘那可停。余杭春米白，东海煮盐青。山僻防豺虎，江寒蹴鹳鸧。若逢更戍士，一一问朝廷。

刘正宗

字宪石，山东安邱人，官大学士。

入　栈

穿云攀曲磴，徒旅各相求。谷转老峰立，风鸣败叶稠。枯楂当缺岸，乱石咽寒流。冥色来何速，茫茫动客愁。

张缙彦

字坦公，河南新乡人，官布政使。

静德寺

西北群峰合，悠然过石扉。寒崖荒竹倚，落日野鹭飞。僧定人踪绝，秋深树色归。所思终不见，云卧一沾衣。

宋　琬

字玉叔，山东莱阳人，官按察使。著《安雅堂集》。

清水道中

陇阪高无极，清秋望更赊。石林千叠水，板屋几人家。古驿羊酥饭，空山燕麦花。停骖问耆旧，井税又频加。

雨后湖亭

放衙无一事，岸帻出孤城。柳重低烟色，荷枯碎雨声。凉云依岫断，秋水照衣明。欲采芙蓉去，高楼暮笛横。

周体观

再见

大报恩寺逢友苍言别

正尔未能别，相逢暮景斜。久疏因在客，多病欲辞家。夜雨洗山月，残春落涧花。祖衣休早付，待我过栖霞。

人日次徐州

泗上逢人日，长亭许更过。春云回白首，客梦渡黄河。旧俗淮南异，前贤沛国多。至今小儿女，犹唱《大风歌》。

李　雯

字舒章，江南华亭人，官中书舍人。

文殊院阻雨

日月空山暗，风云早晚看。石门猿语歇，板屋夜钟寒。鸟雀飞全断，蛟龙出不难。未辞幽兴极，湿我鹿皮冠。

施闰章

再见

过湖北山家

路回临石岸，树老出墙根。野水合诸涧，桃花成一村。呼鸡过篱栅，行酒尽儿孙。去矣吾将隐，前峰恰对门。

雨　后

归田复多病，寒雨送三春。高柳不藏阁，流莺解就人。道心看物变，时论薄官贫。无限扁舟意，澄江满绿苹。

曲水铺

一望平芜绿，千岩霁色遥。园茶初吐叶，驿柳未成条。驻马寻山寺，啼莺过野桥。年年流水畔，春色为谁销？

淳湖寻邢景之

四海倦游后，始知泛爱非。寸心如落木，逢尔复春晖。移榻连蔬圃，烹鱼出钓矶。清欢成信宿，不是醉忘归。

江行杂咏

鼓枻随渔父，乘查老客星。莺声花屿暖，龙气雨潭腥。波绿澄湘浦，天青合洞庭。谁知鱼子饭，绝胜五侯鲭。

郝　浴

号复阳，直隶定州人，官巡抚。

同王无烦游石氏祇园二首

侧身双树入，花气浣衣裳。不道千年雪，融成百合香。落红嫣小筑，凝翠湿回廊。尚有安巢燕，呢喃问觉王。

金谷分明在，相看作化城。青山如假寐，飞鸟自呼晴。花灿阳春笑，松流大壑声。幽情谁复憾，况共虎溪行。

王士禄

再见

裁衣曲

初罢清碪响，还劳素腕舒。残灯金粟尺，远道玉关书。白苎缝仍涩，红绵怨有余。流黄明月路，何处逐轻车？

禾中作

江城还檇李，望古一踟蹰。老寺裴休宅，春沙范蠡湖。远烟明渚鸟，斜日冷樯乌。太息东流水，年年漫绿芜。

方　文

字尔止，江南桐城人。

送沈治先归宛兼寄令兄眉生二首

秋江同作客，春水又同归。何事栖迟久，仍嗟生计微。对床听夜雨，把酒问渔矶。坐惜沙边鸟，乘风忽背飞。

贤兄真处士，抱道隐深山。人世空相忆，云鸿不可攀。旧交多白首，辛苦老朱颜。独有鸰原好，今年又出关。

旅　夜

客舍已凄苦，况闻风雨声。一杯消永夜，孤烛坐深更。饥鼠分行出，寒鸡失次鸣。此时心眼静，历历悟浮生。

杜　濬

字于皇，湖广黄冈人。著有《茶村集》。

真州新城赋得十里桃花留别

倚棹望遥天，明霞涨一川。同惊分手日，莫记种桃年。红入江南树，青为渡口烟。无劳更相送，缓缓问归船。

登金山塔

极目非无岸，沧波接大荒。人烟沙鸟白，春色岭云黄。出世登初地，思家傍战场。咄哉天咫尺，消息转茫茫。

邹祗谟

字讦士，江南武进人，进士。

西林庵

旷步西郊路，行经开士家。曲篱春后槿，方砌雨余花。客到驯孤鹤，僧归信暮鸦。苍茫极目处，反照下平沙。

陈廷敬

字子端，山西泽州人，官尚书。著《尊闻堂集》。

三月三日同杨松谷泛舟沁水

始得方舟稳，沧波望转迷。涛声春画外，寺影夕阳西。杨柳横桥直，桃花夹岸齐。十年江海兴，与尔手同携。

秋　夕

竟有萧萧色，天风吹我床。关山连夜雨，衾枕落新凉。画扇收残暑，秋衣生暗香。最怜游子梦，梦入故园长。

孙止澜斋中同吴耕方夜集时默岩将归

萧条念行役，偶聚此亭中。九月行将尽，秋灯几夜红。平生有知己，大半在江东。落落欢场少，清尊酒易空。

程可则

再见

刘公戭至弹琴

闭门理幽独，日落空斋阴。客子此时至，青天鸣素琴。松风生万壑，人语静空林。不复知燕市，悠然山水心。

七夕乡感和铁夫

故里昇平日，兹宵景最妍。市傕珠络鼓，人上木兰船。灯火花为市，鱼龙夜不眠。一从经板荡，寥落在江烟。

送一灵上人归罗浮　即翁山

罗浮仙窟宅，四百玉芙蓉。吾子今归去，栖迟第几峰。云霞天半落，鸾鹤夜深逢。何日携邛反，同看万壑松。

遥题尹澜柱东湖

忆汝东山卧，东湖潋滟开。一家临水镜，终日对楼台。风暖桃花发，天清鸿雁来。时应采菱去，明月棹歌回。

送周勿庵南归

郁孤台下水，盘曲送君行。以子莼鲈思，深子去住情。秋山同驿路，暮鸟独归程。今夕红亭酒，难放唱渭城。

寄呈袁特邱先生

夫子南还后，经年独此心。雁归衡浦远，月落洞庭深。雪许何人立，山应几处寻。楚云朝暮见，不得到湘阴。

遥题友人别业

君买陵阳曲，为园好著书。山川归几席，身世付蘧庐。剪竹防朱槛，留莺伴绮疏。敬亭还在目，何异瀼西居。

送唐白生归桂林二首

禄食不得志，送君归故园。凉飔振天末，独往问寒原。道路日以远，风尘谁具存。举杯念畴昔，系马欲何言。

已近重阳节，骊歌万里听。黄花中路酒，衰柳断肠亭。碪杵凄吴苑，烟波下洞庭。疏麻如可折，为我寄芳馨。

送陈绿厓分宪扬州

上苑正莺啼，胡然征马嘶。离情在燕市，春色向隋隄。邗水千年碧，江花二月齐。知君行部好，一为记分携。

送纪载之备兵肃州

万古焉支路，迢迢欲上天。送君持汉节，吹角去防边。问俗清西海，题诗赉酒泉。羌戎群下拜，不敢向居延。

王士禛

再见

夜泊江口闻笛寄家兄三首

云水正寥落，笛声何处生？飒然秋思满，不觉有离情。凉月阁边水，西风江上城。何须武溪曲，辛苦怨南征。

扬子江头月，流光千里余。美人临水别，隔岁几行书。霜落吹羌笛，烟深闻夜渔。调高风籁寂，流怨满空虚。

半夜苍龙吟，能伤楚客心。离人歌水调，清怨激枫林。估舶不能发，江波此夕深。夜寒沙雁起，缥渺竟难寻。

金方伯邀泛浣花溪

解缆江村外，溪沙失旧痕。夕阳来灌口，秋水下彭门。清吹临风缓，神鸦得食谊。百花潭上好，新月破黄昏。

新津县渡江

南过蚕丛国，秋风正授衣。青山初日上，黄叶半江飞。修竹连千亩，高楠径十围。临流呼渡舸，极目一清辉。

抚琴渡

明月生琴渡，似闻弹履霜。猿声何处发，今夜宿江阳。更有巴渝曲，能沾旅客裳。枫林前路远，叶叶似潇湘。

巫峡中望十二峰

十二峰娟妙，轻舟望是非。青天半云雨，日夕乱烟霏。瀑水临江合，神鸦出洞飞。朝云无处所，应待楚王归。

屈大均

再见

从轩辕宅入迷居洞

晓起蕊珠峰，披云策短邛。涧猿惊骤雨，山鬼拜寒钟。野饭芝泉冽，秋衣竹翠浓。昨宵逢道士，疑是七星松。

观五老峰背三叠泉

面面峰峦绝，横天铁壁青。飞泉若烟雾，白昼走雷霆。激石成三叠，驱云到四溟。无人知此胜，来往水精灵。

自冲虚观入锦屏峰

路入黄龙洞，阴森山气秋。万松寒欲折，双瀑日争流。月吐金芝草，云开玉女楼。冷冷响风佩，浑与百灵游。

车湘潭

潭水车湘满，潺湲春雨余。上临毛女洞，中有渭川鱼。龙戛铜盘响，人依水府居。先朝遗玉简，灵气发芙蕖。

太华作二首

仙掌三峰立，天门半壁扃。莲花围白帝，玉井出明星。横度苍龙磴，高歌落雁亭。河山襟带尽，两戒据天经。

昨夜闻长笛，依稀鸾凤音。三峰吹落月，一半驻空林。人道水帘里，玉姜时弄琴。神仙不可即，怅望白云深。

长　沙

熊绎开南楚，长沙应小星。城临湘水碧，苑接岳山青[①]。帝子留笙鹤，娥皇隔洞庭。裴回秋月夜，五殿见流萤。（愚山曰：《周礼》“雍州镇岳山”注：“吴岳也。”恐衡岳不得称之）

校记：

①苑接岳□青：据（清）居大均《翁山诗外》（清康熙刻凌凤翔补修本）卷六补录为“苑接岳山青”。

荆　门

巴水吞三峡，荆门控百蛮。山连夔子国，天作虎牙关。白帝朝云散，明妃夜月还。行人怜古柳，春向楚宫攀。

宣　府

往日多游幸，云州自帝家。离宫临雁塞，御气绕龙沙。青接明妃草，香传萧后花。羽林军散后，凄切任吹笳。

湘　阴

青草三闾墓，黄陵二女祠。风清闻玉佩，云暗见兰旗。湖口潇湘阔，天边鸿雁迟。容颜殊姣好，公子未曾知。

廉　州

象郡元秦塞，龙门是汉关。天开珠母海，地接桂林山。交阯兵频入，戈船使未还。何时铜柱折，吾见灭南蛮。

王又旦

再见

晓渡望鄂州

晓雾压城头，苍茫古鄂州。风烟盘赤壁，波浪下黄牛。星动连江锁，旌高隔岸楼。由来征战地，不忍问东流。

渚宫二首

旧迹何劳问，东风草又新。江篱春秣马，啼鸩暮愁人。白积干秋骨，青然几夜燐。那堪听画角，肠断是西津。

夜宴出房烝，军城酒似渑。阵云通白帝，边月堕黄陵。垂手花低幕，缠头柳覆缯。章台歌舞地，今古怅偏增。

登大别山

石路层城外，空亭落照间。导江传禹贡，对岸指吴关。地坼洲前树，天青雨后山。招寻成久客，楚月几回弯。

南　楼

烟雾通云梦，江城控上游。鸡鸣关外月，今古属南楼。侯火依山出，风帆际海流。那堪频望远，鼙鼓未全休。

武侯拜风台

舟泊枫林岸，崇台纵目初。月明飞夜鹊，江静抱嘉鱼。北渚鸣霜角，南天急羽书。东风今正便，一鼓破衡庐。

黄与坚

字庭表，江南太仓人，官翰林。

后稷祠

稼穑当虞代，千秋见古祠。山农犹洛日，岁事几豳诗。赛社春浇酒，排场昼拥旗。配天功窈渺，一笑付村儿。

颜光敏

字修来，山东曲阜人，官吏部。

将去金陵二首

辟地营茅阁，焚香坐翠微。江昏知雪重，灯乱觉星稀。薄禄心仍忝，名山赏更违。官梅深造次，著意促人归。

竟岁沧江卧，征帆不可从。去应留杜若，归及采芙蓉。红近蓬莱日，青环禁苑峰。垂鞭经古寺，还抚六朝松。

丁　澎

字飞涛，浙江仁和人，官刑部。

辽海杂诗三首

不见桃花岛，清明断海头。戈船回赤日，火雾散沧洲。五岭仍开瘴，三江未稳流。管宁曾渡此，今得许同游。

数遣句丽使，边陲控制强。腥风吞鸭绿，朔吹撼龙冈。辐辏真无外，旃裘尚一方。海东还内地，日出见扶桑。

自在分边郡，荒墩几处倾。畚房撑老树，虎迹闪空城。甃井连冰凿，山畦趁火耕。折来新户口，廿载不知兵。

曾　畹

字庭闻，江西宁都人，孝廉。著《金石堂诗集》。

同僧登赤壁

看碑寻赤鼻，问菊到黄州。雁气回秋渚，江声向酒楼。兵戈双泪眼，吴楚一孤舟。萧瑟匡山客，应随慧远游。

浔阳怀文灯岩先生

见说柴桑郡，陶潜避地赊。园荒时有菊，兵在定无家。秋色山光落，江船日影斜。匡君消息断，凫鹭拥回沙。

刘　坝

乌龙江欲出，刘坝即闻波。哀壑笙竽奏，秦川鹦鹉歌。天应一线落，云入九层多。溪谷人民少，开荒近若何。

汉中寄唐采臣时唐督饷宁夏二首

诏发故人来，关南客未回。羌船秋复断，栈道雨难开。克国安边策，参军作赋才。渐看鸿雁客，去住一徘徊。

乱后重相见，穷涂信累君。犹怜江左泪，化作陇西云。牛酒喧沙碛，羌戎冒汉军。清秋吹觱篥，昏昼共谁闻。

陇夜闻捣衣二首

击柝孤城暮，清砧绝塞愁。夜深眠不稳，衣绽补何由。星月延三辅，鱼龙混九秋。忽传消息异，大帅下蛮陬。

辽水归无计，陇山别又多。盛年不相待。秋色夜如何。筑室巢鹦鹉，圈田豢骆驼。中原望吴起，回首泣西河。

京师送胡擎天归汉中

齐年君最少，不第且先归。马蹴风云去，山衔雨雪飞。南宫何岁月，西栈自光辉。亦羡弃繻者，朝朝在帝畿。

汀州旅夜

楼外十年客，城头一片山。高林人不见，春暮鸟将还。天地皆孤注，兵戈尚百蛮。长汀今夜水，呜咽泪潺潺。

南浦怀泾阳李屺瞻同年

闻君遂至此，宁不顾柴扉。岁月江湖晚，才名鄠杜稀。净依琴竹寺，中圣画渔矶。且尽东南美，春风并马归。

乌石山有待

螺女溪前月，娟娟共一秋。蟾蜍留扇底，河汉入妆楼。歌罢金钿小，花香玉臂浮。阶前萤火乱，似欲照人愁。

八月至岱宗

八月西巡日，东游泰岱峰。鸟回封禅道，云没大夫松。晓气含群岫，天门散六龙。平明沧海望，长此忆朝宗。

苎萝山

出郭寻芳草，湖田近水滨。居然浣纱石，曾共沼吴人。苔上蛾眉月，溪流舞袖春。至今山下路，犹带绮罗尘。

赠鄢陵韩叔夜

垂老永嘉令，琴堂昨日辞。花留灵运屿，石刻浩然诗。边海民难徙，休官愿已迟。衙斋满书帙，愁绝北归时。

张　英

字敦复，江南桐城人，官尚书。

严陵山

千嶂桐庐道，清风几溯洄。不知天子贵，犹是故人来。垂钓本无意，披裘亦浪猜。翻嫌烦好事，高筑子陵台。

顾炎武

再见

大同杂诗四首

旧府荒城内，颓垣只四门。先朝曾驻跸，当日是雄藩。采帛连楼满，笙歌接巷繁。一逢三月火，惟吊国殇魂。

落日林胡夜，南风盛乐春。地当天北极，山是国西邻。冠带中原隔，金缯异域亲。武陵遗策在，犹可制秦人。

骏骨来蕃落，名茶出富阳。年年天马至，岁岁酪奴忙。蹴地秋云白，临垆早酎香。和戎真利国，烽火罢边防。

旧说丰州好，于今号板升。印盐和菜滑，挏乳入茶凝。塞北思唇齿，河东问股肱。独余京雒叟，终日戍楼凭。

方殿元

字蒙章，广东番禺人，官郯城知县。

怀匡庐送石公还栖贤

鄱阳秋水至，明月荡空光。缥缈庐山上，千峰瀑布长。方寻白云处，深筑读书堂。先送栖贤老，栽松古石旁。

萍

生来五湖里，不识五湖深。随风相聚散，为浪独浮沉。羁旅仍天地，推移自古今。此中有渔父，一曲契无心。

天　河

人闲秋水至，天汉亦迢迢。帝子此离别，机丝长寂寥。映河东自注，通海夜无潮。虚负为灵鹊，空成一夕桥。

彭孙贻

字仲谋，浙江海盐人。

遣　怀

南陲闻转战，岭上昔经过。荜路连熊绎，桄榔隐尉佗。春归巴鸟怨，雪尽越蚕多。何日还初服，云山卧薜萝。

宋　荦

再见

闻　蝉

凄切空庭外，新蝉作意吟。数声残雨后，一树碧烟深。物候他乡得，羁愁薄暮侵。柴门高柳下，几日许披襟。

秋日同钱介维游东胜山

留滞双江上，招寻一壑间。老僧何处去，初地任跻攀。浥雨佛桑落，窥人山鹧闲。风流钱翊在，吟罢月中还。

陈允衡

再见

江寺晨起对雪

昨夜天为雪，寒深梦后知。僧犹勤早课，客欲减晨炊。山色高低没，江痕远近移。谁家儿女聚，风絮解题诗。

徐元梦

字善长，满洲人，官翰林。

秋日郊行

偶因寻客去，骑马出青门。落日衔千树，寒流抱一村。田家收黍稷，场圃散鸡豚。父老惊心目，将军猎骑繁。

送随义文出塞

君到居庸北，应怜一雁回。沙平疑地尽，山豁讶天开。落日重关闭，秋风万马来。勉旃从此役，莫上望乡台。

再送羲文

两出居庸塞，怜君多苦辛。风沙随去马，雨雪滞行人。地阔军民少，天寒部落贫。须知柔远意，率土尽王臣。

韩　畕

字经正，顺天大兴人。

望天台

望里天台近，群峰秀几重。回看青嶂断，忽有白云封。绝壁垂樵径，春泥陷虎踪。石桥今夜月，应为照长松。

送友之晋州

策马不辞劳，看君气自豪。秋风雷泽迥，寒色太行高。黄叶当关路，清霜脆布袍。遥知初到郡，应解醉葡萄。

潘　高

再见

同象明舟过横山

昨过横山下，山前稻满畦。残僧松叶寺，孤艇荻花溪。露白菱丝好，霜清豆荚齐。一年闻雁处，九里断桥西。

留　别

水落溪田出，霜清下种时。烟中送人语，雨外到村迟。松隔谁家屋，花明是处篱。君今荷筱者，吾亦在东菑。

丁　炜

号雁水，福建德化人，官按察使。

卧病酬林澹亭

轻寒腰带减，窗竹渐离披。未得高眠早，常惭退食迟。青山秋后梦，黄叶雨中诗。酒熟东篱下，君闲可预期。

晚出东便门返潞河同家次兰

出郭消尘虑，联镖信晚归。黄云回猎骑，白雁下渔几。冰合河流细，天寒野渡稀。顿忘行役倦，新月上人衣。

费　密

字此度，四川成都人。

朝天峡

一过朝天峡，巴山断入秦。大江流汉水，孤艇接残春。暮色愁过客，风光惑榜人。明年在何处，杯酒慰艰辛。（阮亭见大江一联，赋诗赠之，遂定交）

沔县村居

故国不可到，春风吹闭门。鸟巢原上树，花落雨中村。事简人过少，居深褐自尊。无书传弟子，耕凿在乾坤。

余　怀

字澹心，福建莆田人。

游憩南屏静寺

小雨催孤棹，湖南别有天。几家临水住，一塔倚山悬。声出花边磬，香流树杪泉。绨衣浑欲冷，高屐破云烟。

冯廷櫆

再见

明楚王宫

残芜黄日落，楚国满西风。露冷王孙草，烟销帝子宫。高垣水衣碧，废殿土花红。怅望前朝事，茫茫人代终。

曾　灿

号青藜，江西宁都人。著《金石堂诗集》。

西竺寺苦雨

何代黄金寺，人来地觉偏。绿沾高础湿，红委小池鲜。古屋生云雾，春江走岁年。似从巴峡住，日日听啼鹃。

将立春同李咸斋彭中叔散步眺望

群动各有息，兹游成我闲。草知深浅处，春到有无间。寒石自流水，夕阳多远山。离离林下屋，时见鸟飞还。

山中雨夜

涧水坐来急，山窗吹雨斜。门前绿苔径，应落红桃花。钟动石留响，夜深灯不华。频年知别苦，明日又天涯。

龚　贤

字半千，江南昆山人。著《草香堂集》。

忆剩上人二首

异域老僧存，今生谁讨论。月明沙漠地，天迥玉关门。念故伤毛发，还家枉梦魂。几将书札废，不望上林恩。

草露夕微微，空城受落晖。岁华凋白发，寒色卷缁衣。纵有天朝赦，知从何处归。吞毡僧不可，洗钵对长饥。

宿卢氏山庄

杨柳迷沙迳，莓苔上板桥。雨催群鸟散，烟剩一亭遥。买酒指村姓，寻鲜问海潮。主人真爱客，门外宿轻桡。

浦子口饮守将赵鼎铉家

江横浦子口，飞渡笑谈间。到岸转无树，入城浑是山。故人为府帅，高马领秋闲。醉倒菊花酒，月明殊未还。

夏夜寒

南方炎热甚，清绝爱吾庐。烟白岸无树，月晴溪上鱼。几年从傲慢，众口罢吹歔。破衲匡床在，支持酒力余。

何日山中住

何日山中住，山中广置田。高原儿课种，精舍我闲眠。二月到八月，莺天与笋天。总无愁苦法，那得不长年。

潘问奇

号云客，浙江钱塘人。

春日过东庄晚宿淡公兰若

冶游连日好，强半在城东。雪净三春路，莺唬一寺风。月轮看渐满，花片落犹红。梵榻堪留宿，深杯对远公。

郯　城

舍棹才逾宿，征尘又满衣。酒浆经鲁薄，枫叶过淮稀。水涸鱼仍贱，秋深枣渐肥。津亭多麦饭，此日可调饥。

葫芦峪

一径如蛇入，苍藤手自分。石生都是笋，岚起不成云。觅路经熊馆，抨弓散鹿群。日晡逢鬼唱，疑是鲍家坟。

席居中

字允叔，奉天锦州人。

访黄仙裳于华藏庵

访幽东郭外，渐次入烟昏。细雨竹篱路，新秋松叶门。时能成促坐，随复倒清尊。自爱过逢处，禅栖隔世喧。

江　闿

字辰六，江南歙县人，官解州知州。

穿石洞

石穴疑疏凿，神功此较稀。深能容月入，狭不碍云飞。水落通樵径，花明得钓几。山翁知选胜，相伴结柴扉。

吴　雯

再见

宿湖口

斑竹晚沉沉，维舟惜滞淫。潮来全楚白，云上半江阴。远渚鸟双下，空山猿一吟。故乡二千里，今夜洞庭心。

胜水观音院小憩

磴道交初地，千山紫翠重。晴云消槛竹，春雪覆岩松。汲涧谷中得，寻僧林下逢。人家还几里，明月挂南峰。

赋得雁寄鲁少府

一雁汾阳郭，遥从紫塞来。花边经坼堠，云表见楼台。尚有稻粱恋，宁防矰缴猜。春风知不远，归及岭南梅。

高　咏

再见

游青原山寺

青原山半寺，积雨长苔痕。路转遥闻水，峰回直到门。云林清磬落，岩屋影堂存。欲问无生偈，孤云倚石根。

博尔都

字问亭，辅国将军。著《白燕栖诗》。

寄怀汪钝翁

故人三载别，烟树窅重重[①]。归雁雨中去，裁诗花下封。尝同卧山馆，空复对云松。犹记题名处，玉泉最上峰。

校记：

①烟树窅重重：（清）博尔都《问亭诗集》（清康熙三十五年刻本）卷三作："烟树杳重重。"

梁佩兰

字芝五，广东南海人，官侍常。

丰湖留别罗颙甫

几夜湖心宿，留连未忍归。坐沉鱼下影，看尽鹤高飞。孤月照将夕，寸心言共微。悬知别离后，新叶积荆扉。

送张南士

何处成高隐，家山在四明。秋风招白鹤，春雨劚黄精。叠障当窗满，长松入户清。且无官税累，兼可事躬耕。

魏　宪

字惟度，福建福清人。

同友宿白云洞

白云留一宿，同听海潮音。渔火空江乱，钟声隔院沈。烟光浮半榻，夜气结层阴。忽唳松间鹤，能清梦里心。

黄　云

字仙裳，江南江都人。

蒲塘法宝寺次壁间韵

徙倚官桥畔，栖禅有旧林。霜寒隄草白，殿闭海云阴。旅客来何晚，清言坐已深。长廊碑字在，傥许继高吟。

邵长蘅

再见

雪后滁州道中

环滁山色好，况是雪中看。天外千峰白，风鸣万树寒。炊烟压茅屋，霁景明林端。欲问欧阳迹，荒碑藓蚀残。

梅　庚

字子长，江南宣城人，孝廉。

凝翠亭

亭收众壑阴，积翠落檐深。迸水晴飞雪，回风香满林。穿云闲洗钵，选石坐弹琴。随意行歌去，阶前见虎心。

洪　昇

再见

寄沈御泠

萧然十亩外，桑者自闲闲。流水去不息，白云时在山。狎鸥坐沙上，听鹤卧松间。何事离群久，风尘独未还。

寄韦先生六象

圣代遍征辟，如何留逸才。草堂卧云处，远在东山隈。林月前后入，溪花冬夏开。始知有真隐，不望鹤书来。

送吴位三归宣城

宋家丞相后，乔木到如今。之子独古处，时人无此心。偶来京洛道，旋反敬亭阴。芳草白云外，春山深复深。

吴之振

字孟举，浙江石门人。

过新庵

辟竹因成径，编荆亦当扉。荷锄童子出，乞食老僧归。白板临残帖，青毡补衲衣。喜无蔬笋气，言笑各忘机。

周在浚

字雪客，河南祥符人，官经历。著《筑庄集》。

紫骝马

爱妾不辞换，金鞭且莫挥。踏花公子醉，射猎故侯归。蹀躞嘶芳草，骄腾乱夕晖。道人重神骏，何必透重围。

夏熙臣

字无易，湖广孝感人。著《慕岩集》。

沅江县

舟发白沙渚，湖光澹欲微。一凫冲浪出，群鹿饮河归。港曲迷前路，潮平失旧矶。问津渔父在，双桨荡斜晖。

施州卫寄所亲二首

环卫皆君长，东南尽笮筇。流官乘小驷，蛮妇织花賨。刀剑生睚眦，衣冠列附庸。不烦司马檄，尺土亦王封。

跋涉皆天意，艰难未敢辞。地传巴子国，人拜竹王祠。山水多奇气，烟云无尽时。更兼旬日雨，得不赋秋悲。

荆南作

独倚危楼上，孤城水一围。龙洲芳草暗，虎渡绿杨稀。茅屋春无主，湖田种不肥。香风闻数里，犹忆楚臣衣。

宋　至

字山言，河南商丘人，孝廉。著有《纬萧草堂诗》。

雨中过河曲精舍怀朱悔人二首

水涨集渔舠，蒲荒细路遥。看花缘卧柳，听鸟踏倚桥。渚静烟常护，林昏雨未消。老僧如病鹤，沙岸喜相邀。

门市漕河水，禅堂竹树清。花香随屐齿，匏蔓络松棚。僻地尘难到，匡床梦易成。掀髯东浦客，吟望倍含情。

卷　五

五言排律

吴伟业

三见

送吴门李仲木出守宁羌

君到山南去，兴元驿路长。孤城当沮口，旧俗问华阳。稻近磻溪种，鱼从丙穴尝。残兵白马戍，废坞赤亭羌。铁锁穿天上，金牛立道旁。隗嚣宫尚在，诸葛垒应荒。往事英雄恨，新愁旅客装。七盘遮骆谷，十口隔秦仓。黑水分榆柳，青泥老骕骦。不堪巴女曲，尚赛武都王。

陈子龙

字卧子，江南青蒲人，前官给事。

游云栖寺

昔贤开宝地，驻锡此何年。独剪鼪鼯境，还依薜荔天。晒经丹树杪，杵米白云边。制虎移新穴，驱神凿旧泉。吴山襟壮气，越国面晴川。花氎殊方贡，珠幢上苑传。鹿仙参玉座，龙女坠金钿。超乘人皆学，焚修可自坚。西归无了义，东度即因缘。化域空三界，门徒落四禅。青菰成宿饱，翠竹冷余烟。更礼支公塔，钟声起暮蝉。

灵济宫

绛树蓬莱近，红墙银汉中。南台分御气，西内接仙宫。族自昇州大，灵因闽海功。谶符移法象，授药感皇躬。太乙新祠贵，神君议礼崇。冕旒双辇月，旗仗满庭风。碧瓦寒金狄，朱阑落彩虹。银铛摇铁凤，铅粉剥华虫。鹤下星坛白，龙垂内锦红。元妃张翟羽，侍女静雕栊。汗漫逢天使，虚无问巨公。琅书原共秘，丹鼎几时空。宗伯明禋正，今皇圣德隆。陈仓迷宝迹，缑氏失神工。祀典修辞异，朝仪引奏同。升闻端拱足，无事访崆峒。

赠吴骏公太史充东宫讲官

苍莨开震域，青殿接文昌。霞气骞玄圃，琼条拂画堂。选端周典礼，拜傅汉元良。史职移仙省，宫僚总帝乡。金贞储后重，玉立侍臣庄。羽钥传秋实，诗书出尚方。夏侯经术茂，皇甫素怀芳。鸡戟青槐荫，龙泉碧藻香。珠帘参晚燕，璧月照春坊。卞赋情文称，王箴忠爱长。一时推硕德，万国仰重光。愧我羊裘侧，思君象辂旁。临风疏馆静，遥夕可相望。

蒋平阶

字大鸿，江南华亭人。

禹　陵

橇辇逢尧祀，垂裳拜舜年。剖圭开日月，瘗玉镇山川。南幸游方豫，东巡驾不还。衣冠辞岳牧，剑舄步神仙。寝庙春常闭，宫车夜自悬。千秋扶王气，万国走明禋。海阔沧江外，星临斗柄前。金茎流晓露，碧殿锁青烟。禁籞盘松桧，樵风断陌阡。从来陵墓地，偏傍战场边。罔两犹留鼎，蛟龙每负船。秦碑荒草合，汉畤白云连。苍水书难得，玄狐箓可传。按图通百粤，泪尽九疑天。

余姚县城十四韵

太傅归田后，端居问海筹。余姚虞庶子，丞相汉通侯。比屋开新邑，重关枕上游。一时劳版筑，百里固金瓯。万户歌钟绕，千岩睥睨收。城形双壁合，桥势断虹浮。紫陌鸡人唱，青门鹤市留。风烟舍越郡，雨雪洗明州。夜瞰鱼龙窟，晴看雁鹜洲。吴云连白马，南斗入牵牛。桐岭将飞舄，蓬山可放舟。莺花当日梦，烽火隔年愁。水落津亭晚，窗虚洞壑秋。披图论设险，清啸满江楼。

练湖黄鹤图赠太原李鹤舫

千载黄堂靖，岿然在练湖。云阳留古记，谌母蛣山栌。旧日飞茅地，神丹尚有无。五陵平蜃气，八海走龙胡。闻说三黄鹤，翩翩下此都。羽毛何特异，俦侣自相呼。应是玄都使，衔书遍九衢。洪州疏玉派，之子应真符。仙李枝原远，函关道未芜。何年驾骐骥，顷刻化鹓雏。赤水珠方出，扶桑树不枯。清霜度缑岭，片月泛蓬壶。天上苏仙伯，人间茅大夫。山头送旌节，云里落笙竽。待借黄荃笔，秋风生画图。

崇川顾圭峰出其先公大司马所遗赐香作供赋赠

庆历开蛮邸，奇香万里传。波轻安息使，风利日南船。白象驮方物，黄金写贡笺。圣朝虽却御，鞮译自争先。辨味殊苏合，征才异甲煎。方书留外库，药局篼中涓。兽炭消宫井，薰炉近讲筵。秘书朝辟恶，暖阁夜求仙。披拂天颜动，氤氲玉帐连。五侯新赐火，七贵乍分烟。司马金城寄，筹边借箸前。趋朝漱鸡舌，退食袖龙涎。似玉涓涓润，如珠的的员。好将温铠甲，还用拭貂蝉。物以君恩重，名随世业悬。芬芳犹在握，什袭已多年。零落因时数，收藏倚后贤。薰莸岂同器，芝蕙自相怜。赖有尊前客，长歌寄简篇。

咏毕载积使君收藏陆放翁砚

砚僻知谁甚，当年陆务观。蛮溪新砥砺，剑水旧波澜。腻色侵龙尾，凝光逼马肝。渡江心自壮，入蜀路曾难。草檄铜梁暗，题诗玉垒寒。军中秋兔饱，醉后墨池干。落落封侯志，脩脩白发残。菊方传世外，花品满长安。神物终当合，高文讵可刊。蟾蜍频滴泪，风味出清湍。再入君侯幕，重登作者坛。千金悬宝市，十二狎珠盘。人物南朝贵，声名剑外宽。未央霜瓦薄，铜雀露华溥。莫悔《长杨赋》，秋风笔底看。

范季友邀饮吼山陶园

花坞陶公筑，兰舟范叔移。川原于越地，风物永和时。画出丹青壮，山增斧凿奇。劈天开绝壁，疏涧引洪池。洞古龙常蛰，台空鸟自窥。百年新缔构，一代旧招提。峻阁凭霄迥，雕阑倚石危。辟疆名不忝，沁水事堪追。点缀夸神手，登临合妙机。尊罍倾北海，词赋溢南皮。万壑当窗见，千岩向晚披。拂云歌去缓，坐月酒行迟。支遁情弥切，刘伶死不辞。人从花底散，路入梦中疑。何日沧洲兴，重来倒接离。

送李分虎之滇黔

万里南中路，春风入五溪。地分铜柱北，山险桂林西。树酒尊堪泛，箄船棹自携。关梁庄跷设，碑字武乡题。水出滇池倒，天临瘴岭低。鸟言通八部，绣面接诸黎。圣武初经略，征南振鼓鼙。三军持毕节，一战下和泥。荒服开州郡，穷边走寄鞮。阑干红罽人，歌舞白狼齐。汉使难重问，磨崖不可梯。乌蛮新幕府，属国旧朱提。君听南征曲，能令乡思迷。山深鹦鹉语，花老杜鹃唬。河外青岭县，关前白马氏。还将碧鸡赋，迟尔到金闺。

屈大均

三见

华 岳

至道生元气，神山结混茫。灵胡开华岳，少皞主秋方。肃杀清天地，明禋恪帝王。轩游受图箓，虞狩会衣裳。万壑悬河汉，三峰压雍梁。冠危司寇立，鼎耸紫霄妨。井鬼精相接，嵩衡影在望。轮牙千仞辟，峪口一夫防。垂峡天如练，横溪石作航。树阴交茂密，泉响击砰磅。太素芙蓉发，真源玉井藏。云霞天四塞，浑沌帝中央。千叶擎珠阙，三花滴玉浆。蔽亏秦日月，照映汉旂常。叠巘森堂奥，攒霄乱剑铓。潼关收虎踞，沙苑放龙骧。表里金城拥，纵横锦幔张。我来凌百二，仙举出阴阳。雾入张超市，风窥玉女窗。胸襟披早爽，吟咏写清商。勇跃牛心谷，徘徊古柏行。一天通箭括，九地出车箱。鉴翠成飞栈，嵌空作曲房。鞠躬过搦岭，垂足度悬冈。自汲凭双绠，人骑向一梁。宝中穿窈窕，阪上蹑毫芒。惨澹愁春霭，凄寒怨晓霜。属崖频瓤耳，沿涧几回肠。赑屃扶天柱，滂沱哭帝阊。小心恒惴惴，高视每洋洋。但使玄都达，安知玉趾伤。歌翻风浩浩，渴浥露瀼瀼。壁笑飞猿坠，龛怜白鹿翔。凭虚惊御寇，履险藐瞿塘。舞袖回高掌，琴声挑玉姜，蓬壶谁自引，沟壑未曾忘。八极闲挥斥，群真凛拜扬。怀柔思哲后，宰割试封疆。金土骖烟至，甄萧向日妆。霓旌互摩荡，鸾即共趋跄。光彩纷离合，忠诚一赞襄。神京钟鼓在，王母简书将。遗璧传龙死，搴苹吊国殇。为旒师矗矗，如带恨汤汤。寤寐宗周久，经营陕服长。商颜犹绕霤，渭汭且浮觞。禾黍哀何及，干戈命靡常。西昏逢昧谷，东旦想扶桑。势蹴中条裂，流倾星宿黄。真形含菡萏，盛德见珪璋。秉矩三公穆，生华庶物昌。万峦朝落雁，半榻卧修羊。郁郁莎罗木，阴阴罨画廊。香炉气霳瑮，金检色辉煌。奥府长司命，中华此扼吭。嵴陵接风雨，蒲阪列屏障。瀑布瓴长建，桃林甲莫当。逡巡还六国，约法待三章。在昔明高帝，兴基迈古皇。斋心恭默后，飞梦削成旁。圣藻辉岩岫，文思格昊苍。蓐收迎羽葆，白虎奏笙簧。社首迟封禅，华胥享乐康。天威瞻咫尺，仙乐听铿锵。绕指潜幽阜，攀髯堕大荒。壶公暂肥遁，箕子久佯狂。战阵存棋石，玑衡运算场。瑶台何偃蹇，姣服自芬芳。跷捷时争鸟，超腾或射狼。钩梯穷上下，博箭赌兴亡。有母悲三北，无人继一匡。季龙偷王版，交甫失明珰。丹笋干云直，青柯拂雨凉。坪前三辅小，溪底四州强。太白皆孙干，岷峨是女墙。终南相倚伏，雷首乍低昂。霰雪秋频冷，芝苓夜有光。云英堪沐发，石马欲施缰。绝顶谁盘礴，明星独颉颃。丈夫临乳洞，童子执油囊。不死何须药，无生自有乡。渊明难止酒，弘景早休粮。姑射真冰雪，神尧亦粃糠。洗盆通渤海，御道跨欃枪。同泽纷毛女，承旗辇凤皇。波涛奔楚邓，蠓蠛化氐羌。丰镐劳经纬，昆仑赖纪纲。孤根标不止，变态浩难量。赤县今沦没，黄巾昨扰攘。鳌呿坤轴动，狐啸盗兵倡。发愤吾安在，飘零道不祥。思从杶会麓，永解蕙兰纕。构宇仙人砭，移家天子鄣。犁沟种瑶草，劈石佐神香。鹑首天何醉，蛾眉世不扬。将军松落落，太上水泱泱。但自调干羽，何烦缺斧斨。聪明归峻极，膂力养方刚。申甫钟何晚，桓文履未臧。希夷不蝉蜕，更扫读书床。

顾炎武

三见

华　岳

四序乘金气，三峰压大河。巨灵雄赑屃，白帝俨巍峨。地劣窥天井，云深拜斗阿。叔卿投博至，毛女拥琴过。欲摘星辰堕，还虞虎豹呵。正冠朝殿阖，持杖叱羲和。雾市山坳失，云梯洞口多。芦花遗旧算，鹤子驻危窠。山鬼知秦帝，蛮王属赵佗。出关收楚魏，浮水下江沱。老尚思三辅，愁仍续九歌。独怜人代速，斜日冥青柯。

禹　陵

大禹巡南守，相传此地崩。礼同虞帝陟，神契鼎湖升。定石形摹古，墟宫世代仍。探奇疑是穴，考典或言陵。玉帛千年会，山河一气凭。御香来敕使，主守付髡僧。树暗岩云积，苔深壑雨蒸。鸺鹠呼冢柏，蝙蝠下祠灯。余烈犹于越，分封并杞鄫。国诒明德祚，人有霸图称。往者三光坠，江干一障乘。投戈降北固，授孑守西兴。冲主尝虚已，谋臣动自矜。普天皆爵禄，无地使贤能。合战山回雾，穷追海践冰。蠡城迷白草，镜沼烂红菱。樵采冈林遍，弓刀坞壁增。遗文留仆碣，仄迳长荒藤。望古频搔首，伤时独拊膺。会稽山色好，凄恻忍重登。

晋　府

卜雒方迁鼎，封唐次剪珪。国分河华北，星主寔沈西。攘狄威名重，垂昆敬德跻。宠光延白屋，惠泽普黔黎。别殿俄传燧，深宫早听鞞。梯冲临玉壁，弋旝绕铜鞮。井竭龙池水，梁空燕垒泥。圃花游鹿采，山木化鹃啼。国语春秋志，贤王暇日题。定知慈俭理，得与禹汤齐。玉叶衣冠尽，金刀姓氏迷。那堪梁苑草，春日更萋萋。

赠友人

急难良朋节，扶危烈士情。平居高独行，此去为同盟。抚剑来燕市，扬鞭走易京。黄埃随马涨，黑水系船横。救宋跰方累，囚梁狱未成。盈庭多首鼠，中路复怔营。已涉平原里，遄驱历下城。云浮泉气活，日晒岳林明。夜树蝉初引，晨巢鹊亟鸣。喜犹存卞璞，幸不蹈秦阬。劳苦词难毕，悲欢事忽并。櫜饘勤问遗，寝息共论评。发愤皆公正，姱修自幼清。君贤关羽弟，我愧季心兄。将伯呼朝士，同人召友生。诗书仍烬溺，禹稷竟冠缨。颇忆过从数，深嗟岁序更。川岩句注险，池馆蓟邱平。每并登山屐，常随泛月觥。诗从歌伎采，辩使坐宾惊。禄位扬雄小，囊钱赵壹轻。与君俱好逊，于世本无争。史论悲钩党，儒流薄近名。材能尊选耎，仁义怵孤孕。自得忘年老，聊存处困贞。不才偏累友，有胆尚谈兵。坎窞何当出，虞机讵可撄。殷勤申别款，落莫感精诚。禽海填应满，鳌山抃岂倾。相期非早暮，渭钓与莘耕。

将去关中别某中尉于慈恩寺塔下

廓落悲王子，栖迟爱友朋。荒郊纡策马，猎迳傍鞲鹰。土室人稀到，衡门客少应。倾壶频进酒，散帙每挑灯。叹息当忧患，先人独战兢。薄田遗豆粃，童阜剩薪蒸。疾病嗟年老，虔恭尚夙兴。芋魁收蜀郡，瓜种送东陵。世业为他有，空名任盗憎。幸余忠厚福，犹见子孙绳。渭水何年赤，岐山向日崩。低头从灶养，脱迹溷林僧。毒计哀阮赵，淫刑虐用鄐。忠魂依井植，碧血到泉凝。困鬣时防罟，惊禽早避矰。屡扪追驷舌，莫运击蛇肱。谬忝师资敬，多将气谊凭。深情占复始，积德望高升。子建工诗笔，河间好学称。堂垣逾旧大，国邑与前增。九鼎知犹重，三光信有征。沈埋随剑玺，变化待鲲鹏。树落龙池雪，风悬雁塔冰。更期他日会，拄杖许同登。

彭孙贻

再见

天坛晚眺

周垣环辇道，云物锁圆丘。大典刑牲帛，祠官职冕旒。银潢扶砌落，珠宿抱坛流。二祖功殊绝，群伦博考诹。乾坤含一气，岳渎视诸侯。神鼎高陵闭，斋宫御跸留。绿苔蟠古篡，香草入空卣。夹路松阴直，虚筵鸟迹遒。两京分郏鄏，百战定嬴刘。五马今南渡，三山控上游。长江龙虎阙，孝庙石羊秋。野蝶飞花缓，春芜燕子愁。何时上封禅，一为奠神州。

谒豫章铁柱宫

巨泽东南陷，玄宫户不扃。自来留谶纬，一柱奠流形。忠孝传丹术，神仙配帝庭。功成先拔宅，水怪续图经。蛟蜃窥双剑，阴阳护六丁。至今存庙貌，在壁绘精灵。革鼓萦蛛网，华冠断鹤翎。高甍群瓦绿，遗烈万山青。遇劫焚残箓，重游索旧铭。庚辰扶铁锁，星斗落旂铃。石井何年泐，江声不可听。愿随鸾鹄去，驭气上空冥。

叶　封

字井叔，湖广黄冈人，官主事。

校　猎 拟应制

庙略罗群策，皇灵畅八埏。中春宜振旅，于隙遂搜田。翅氏元攻猛，林衡早戒虔。六飞从蕙圃，七萃拥华旃。翠葆云霞丽，朱竿日月县。刘防初拓地，荷毕已垂天。肃肃虞旌植，鼙鼙晋鼓阗。佐车事辐凑，羽骑接镖联。赤厘横锋锐，乌号激矢圆。下鞴鹰隼疾，穷绁猎卢便。狡窟无馋兔，遥空有跕鸢。指踪趋胜捷，犄角捣虚偏。电骛飙驰逼，风毛雨血骈。师移仍赴险，士怒竞登先。可贾人余勇，惟扬计万全。三驱开浩荡，一面赐矜怜。顺节毋围泽，论功乃割鲜。圣谟恢远驭，神武握中权。奚取相如赋，堪赓史籀篇。司原徒告仆，帝德正挥弦。

严绳孙

字荪友，江南无锡人，官检讨。

赋得风帘入双燕

海燕迎春日，楼台向晚看。蟾蜍坠钩小，翡翠动窗寒。远水明罗幕，游绿罥石阑。柳垂金冉冉，蝶舞玉珊珊。汉后矜名字，卢家妒羽翰。时惊双语度，应惜并栖难。愁雾烘香兽，贪泥涴镜鸾。候知新乳应，垒傍旧痕安。借问红襟重，何如翠袖单。冥归教小玉，不得展琅玕。

冯　班

字定远，江南常熟人。

春寒花较迟

花前疑腊在，迢递失春期。日淡雪晴后，露清风晓时。试香初数朵，敛态不盈枝。粉冷难成笑，朱凝未吐辞。莺啼如有待，蝶舞似相思。剪彩龙刀涩，窗中出手迟。

书　情

上客留金络，佳人降彩軿。几时迷下蔡，直是息芝田。促点催琼漏，光风到锦筵。杏梁尘漠漠，桦烛泪涟涟。雀画银屏合，驼钩紫障褰。鸣鼙惊小杖，文罽衬花塼。粉墨新妆点，靴衫巧结缠。鹑衣遭扑重，牛口定场先。嘌唱添新拍，繁声应急弦。舞嫌狮子闹，歌赏踏摇便。独许淳于醉，难容阮籍眠。敢矜车从好，谁看帽檐偏。隐隐临珠箔，纷纷隔绮钱。如闻求堕珥，瞥见整金钿。河阔星还动，云空月自悬。尽开三里雾，高映九枝然。半额凝嚬浅，承权隐笑妍。徐言开贝齿，慵盼转鸾咽。纤指圆搓玉，丰肌弱胜绵。缬裁鱼子细，裘表鹔鷞鲜。鹿爪生情著，犀钗出樣镌。罗巾闲不展，绶带巧相穿。束得蜂腰促，梳成虿尾卷。怯难持玉斝，娇不踏花毡。鼻掩谁能妒，衫飘未许牵。唇分朱点破，耳帖璧轮连。凝唾花疑染，长吁气胜荃。斜柯偏阿那，立望更迁延。卖眼矜新柳，论心咏石莲。逆愁为蝃蝀，只恐化玄蝉。明佩初投汉，罗衣漫忆燕。散来冲暮雨，归去隔飞烟。石阙啼难尽，兰膏火自煎。剑分还有数，环合岂无缘。隐语横波急，幽期却月员。难辞巫女怨，敢乞蔡经鞭。锦段凭良信，瑶琚伫报篇。惟应张壮武，知我值神仙。

无　题

倾城又倾国，桃叶与桃根。梦浃欢成醉，偎多暖有痕。冰丝迷代雁，珠串咽巴猿。江鲫金盘小，秦鸾画采昏。锦屏和烛掩，玉酒爇香温。绣帖当阿阁，朱扉隐洞门。雪寒虚欲舞，月迥讵能奔。泪激愁江满，肠回剧海翻。芳萱难托意，秾李正无言。重到临江宅，深深隔粉垣。

王彦泓

字次回，江南金坛人，官华亭县训导。著有《疑雨药》。

效微之三十八韵

少小娴针绣，生成俨画图。影形看镜喜，名字拣香呼。玄鬒辞膏沐，琼姿厌粉污。帕闻灯气息，那受浴沾濡。瞥见长陵市，重逢狭路隅。未成窥宋玉，随遣嫁秋胡。忍下针心棘，难求役豆符。微生甘作鬼，国士愿为奴。湖上羹鱼嫂，池西斗鸭姑。殷勤员好事，排调薄非夫。锦字衔青雀，罗巾缒蟢蛛。传来通德语，笑杀彦回愚。绮阁花间峙，修廊竹外纡。挂香明路径，卮酒酹门枢。月暗倚鸳枕，寒轻拥兽炉。梦回闻至矣，喜极欲仙乎。巾帔俱飘动，眉心乍展舒。遥探因艳冶，亲炙觉清臞。对袖笼双钏，单衫卸五铢。惟闻香荡越，秖恨烛模糊。羞涩屏前视，摧颓帐外扶。还判梭掷否，仍肯扇障无。滑簟推腰褥，华茵妥髻珠。芳津甘齿颊，柔语沁肌肤。怨喃蛸蛴领，羸擎燕子躯。斜眸终腼腆，低黛忽愁吁。胆悸金铃犬，心忪碧树乌。乍当惊颤味，陡堕爱迷涂。青眼三生契，丹诚一昔输。隐肠怜我解，绝色厌人谀。落魄经伤悼，微词得厚诬。年华潘岳老，风调谢鲲粗。谬辱求诗带，宁嫌卖酒垆。狂襟终有托，兴赏未全孤。慰胜登高第，欢逾读异书。镇须行坐并，准与笑啼俱。雪砌飘灯赴，花阶划袜趋。百年今夕始，非乞暂时娱。

沈自然

字君服，江南吴江人。

寓　言

斜日愁中妇，东风怨小乔。重门金钥静，幽阁绣旌飘。半面窥金锁，双环映紫貂。云痕飞广袖，峰影斗纤描。靓闪芙蓉髻，低回杨柳腰。画帘垂海藻，芳佩杂申椒。叠扇泥金薄，薰炉沈水消。草池摇蕙梗，花哄滴松梢。黼帐流苏暗，铜铺屈戍交。扫眉抽绿叶，妆靥晕红潮。钗琢通天纛，丝黏续命胶。整容开玉镜，写恨向檀槽。琥珀成山兽，珍珠泣海鲛。缀幡栖卫鬟，抛缬系宫绦。芳树催莺管，香泥落燕巢。谢娘曾列障，秦女罢吹箫。银雁安斜领，文鸳破剪刀。舞裙惊蛱蝶，尘网坠蟏蛸。裘织青鸾尾，灯然白凤膏。钿车通狭巷，宝马踏青郊。响屧移朱履，凭阑拥翠翘。偶逢张窈窕，因过董娇娆。雨洗章台柳，烟霏露井桃。江皋贻短佩，雒汭溯轻桡。兔月槐黄重，虫书槲叶雕。木奴秋后摘，棋子夜深敲。兽炭凝灰暖，鱼灯吐焰遥。褰帷倚角枕，卷被灿珠绡。遣闷题纨素，停眠听丽谯。浅瓯烹雀舌，深砌长鸡苗。彩胜穿双线，金钱辨六爻。洞庭生橘柚，西域进葡萄。夜饮添霞帔，春暄卸锦袍。狮蛮镂玉带，鹦鹉注香醪。旖旎松跳脱，玲珑响步摇。新歌教绿鸟，残局打红枭。善睇能传语，微辞为解嘲。幽情常似嫩，小喜更添娇。洞口回沙榜，湾头立板桥。远思随别浦，归梦碎江涛。黛色迷张敞，吟魂避薛撩。对人如恍惚，弄酒半轻佻。莲沼翻赪尾，梅株挂绿毛。粉容犹昨日，花艳最今朝。采凤应羞杜，惊鸿会感曹。有情同翡翠，何路报琼瑶。解佩终无意，援琴尚可挑。星辉时耿耿，曙色转萧萧。井槛鸦啼露，园亭树卷飙。莫言沧海阔，空恨碧天高。

五言绝句

吴伟业

四见

读《汉武帝纪》

岱观东迎日，河源西问天。晚来雄略尽，巫蛊是神仙。

读《光武帝纪》

雷雨昆阳战，风云赤伏符。始知铜马帝，远胜执金吾。

张文光

再见

留云亭

朝望白云起，暮望白云归。淮阴多少树，不碍白云飞。

龚鼎孳

字孝升，江南合肥人，官礼部尚书，谥端毅。

别陶澄

我爱陶元亮，人称顾恺之。何来双杜宇，叫出断肠诗。

王士禄

三见

石门县

落日石门路，语溪明夕波。女墙才几尺，一半入藤萝。

徐　夜

再见

山南路

渐入云深处，循溪不肯停。为谁甘寂莫，终日愧山青。

留别影公

溪西好径行，峰青白云里。远公应念子，时来听流水。

王士禛

三见

丰　原

丰原高不极，原上行人度。秋晴渭川望，遥见蓝田树。

大隄曲二首

送欢凤林关，别欢桃林岸。红桃作花时，与欢复相见。

东汉房陵来，南流武昌去。西汉下巴陵，会是相逢处。

汪　琬

再见

题　画

门外槿篱斜，东风吹柳花。微闻漉春酒，好似隐君家。

王又旦

三见

太史祠隔河望孤山

绝巘连云出，秋风隔水多。韩原中缺处，山翠压黄河。

曾　畹

再见

拟 古

击剑新丰市，探丸西岳头。杀人常快意，酤酒上层楼。

方殿元

再见

征 怨

怯把金钱卜，春残不道归。昨宵看月晕，还是几重围。

宋 荦

三见

别 院

别院如山静，旗门鼓不挝。往来行药地，开遍蜀葵花。

洪 昇

三见

寄 远

与君相别时，只言暮春返。东风吹白云，一去潇湘远。

冯 班

再见

故人殡宫

穗帐风吹破，秋光射隙尘。朝来阿鹜嫁，辞哭最酸辛。

春日忆玉生

燕语旧相识，花飞新别离。一春襟抱在，不得故人知。

卷　六

七言古诗

钱谦益

再见[①]

校记：

①钱谦益再见：原本未标目，考《杨龙友画册歌为赵友沂作》系钱谦益诗作，见钱谦益《牧斋有学集》卷五《绛云余烬集》下，四部丛刊影印清康熙本；《陆宣公墓道行》系钱谦益诗作，见钱谦益《牧斋初学集》卷十《崇祯诗集》六，四部丛刊影印明崇祯本；《石田翁画奚川八景图歌》系钱谦益诗作，见钱谦益《牧斋初学集》卷十《崇祯诗集》六，四部丛刊影印明崇祯本；《再题奚川八景画歌》系钱谦益诗作，见钱谦益《牧斋初学集》卷十《崇祯诗集》六，四部丛刊影印明崇祯本；《华山庙碑歌》系钱谦益诗作，见钱谦益《牧斋初学集》卷十三《试拈诗集》，四部丛刊影印明崇祯本；《新安汪氏收藏目录歌》系钱谦益诗作，见钱谦益《牧斋有学集》卷二《秋槐诗支集》，四部丛刊影印清康熙本；《大观太清楼二王法帖歌》系钱谦益诗

作，见钱谦益《牧斋有学集》卷八《长干塔光集》，四部丛刊影印清康熙本。故补录。

杨龙友画册歌为赵友沂作[①]

杨生倜傥权奇者，万里骁腾渥洼马。双耳朝批贵竹云，四蹄夕刷金支野。空阮师溃缙云山，流星飞兔不可还。即看汗血归天上，肯余翰墨污人间。人间翰墨已星散，十幅流传亦可叹。披图涧岫几重掩，过眼烟云尚凌乱。杨生作画师巨然，隐囊纱帽如列仙。大儿聪明添树石，侍女窈窕披云烟。忆昔龙蛇走平陆，奋身弃施乌鸢肉。已无丹爆并黄土，况乃牙签与王轴。赵郎藏弆湘帙新，摩挲看画如写真。每于剩粉残缣里，想见刳丹化碧人。赵郎赵郎慎收取，长将石压并手抚。莫令亲近匣中剑，夜半相将作风雨。

校记：

①杨龙友画册歌为赵友沂作：（清）钱谦益《牧斋有学集》（四部丛刊影印清康熙本）卷五作“为友沂题杨龙友画册”。

陆宣公墓道行

延英重门昼不开，白麻黄阁飞尘埃。中条山人叫阍哭，金吾老将声如雷。苏州宰相忠州死，天道宁论乃如此。十年遗榇归不归，两地孤坟竟谁是。人言蒿葬留忠州，又云征还返故邱。图经聚讼故老哄，争此朽骨如天球。齐女门前六里路，荞麦茫茫少封树。下马犹寻董相陵，飞凫孰辨孙王墓。青草黄茅万死乡，蝇头细字写巾箱。起草尚传哀痛诏，闭门自验活人方。永贞求旧空黄土，元祐青编照千古。人生忠佞看到头，至竟延龄在何许。君不见，华山山下草如薰，石阙丰碑野火焚。樵夫踞坐行人唾，传是崖州丁相坟。

石田翁画奚川八景图歌

吾祖旧题奚川景，石翁为作奚川图。广陵封君好事者，金陵购得归于吾。揩摩老眼细瞪视，夜枕不寐朝忘馆。恍惚移身入画里，故园乔木风景殊。先从江村见小市，诛茅盖瓦互架铺。洞庭虾菜朝走集，新丰鸡犬暮识涂。杨柳微风扬酒帜，杏花小雨提村沽。市旁石桥枕江卧，红阑绿浪临交衢。青箬裹盐来浦溆，绿荷包饭归菰芦。烝徒欣欣如有喜，傥免厉涉群欢呼。茅屋沧洲自映带，书声渔唱相萦纡。江流无声清夜永，有人引书仍挈壶。蟹舍中间访隐逸，牛栏西畔寻生徒。原隰坡陀似山麓，行人彳亍通樵苏。千回万抱风气密，中有兆域开青乌。帝乡白云封宰树，长江落日悬龟趺。流泉夕阳昔相度，江流地势原相扶。柳溪竹里间阡陌，筑室穿池连路隅。竹深堂高日清闭，琴剑彝鼎岁氍毹。纸窗摊书宿灯火，石鼎联句皆笙竽。堂中高咏者谁帘，得非草窗东谷无。此图盘礴非草草，想见阁笔犹操觚。有竹庄中好宾主，寒冰栗玉青眉须。携画归来水月舫，兄弟赏鉴频嗟吁。收藏岂乏牙签插，爱惜宁将寒具洿。清平之世忠孝家，有此识字耕田夫。吾祖风流良可继，子孙不耕且读何。其愚呜呼，不耕且读何其愚。

再题奚川八景图歌

荣木楼头风日美，秋光满檐鹊声喜。百年画卷今夹归，大墨清妍照棐几。焚香洗爵告家庙，插架悬签压图史。楚弓人得岂其然，鲁玉盗归安足拟。晴窗帘阁重摩挲，吾庐宛在奚川涘。吾家先世事耕读，风光尽入此图里。白云回合藏松楸，乔木丛攒识桑梓。宅畔新成百步桥，坟旁手辟千家市。良田广宅互经营，水埪江村正逦迤。竹深堂前竹万个，柳溪溪边柳三起。柳阴霭霭连枌榆，竹箭森森胜桃李。连畛拒陌多种瓜，樊圃编篱不用枳。野店春风鱼菜来，长江落日帆樯止。渔唱悠悠芦渚间，书声琅琅茅屋底。犊背或看书挂角，庭前时见麦流水。秋依月令戒登穀，春按豳风劝于耜。输租不忧鼙鼓烦，种秫每诧罂缸侈。绿树长维书画船，青门频倒逢迎屐。高人谈经日异粮，好客哦诗夜同被。草窗先友并峥嵘，竹屋遗诗尚绮靡。承平王孙人共羡，文采风流更谁氏。自从后世占科第，旧业依然枕江汜。嗟予刺促罹世网，白首孤生系碪几。二顷负郭苦失计，三间老屋知谁是。故园门巷长蓬蒿，西风杷椏生荆杞。慵惰有似僧退院，漂泊恰如舟未舣。布衣躬耕谅未晚，闭门种菜真穷矣。垂老重看石田画，三叹先畴在故纸。奚川流水想桃源，竹深亭馆思竹里。谢公述德吾岂敢，右军誓墓徒为尔。已分残年老袯襫，更嘱添丁克耘耔。往不可谏来可追，矢诗聊以贻孙子。

华山庙碑歌

关中汲古有二士，郭髯赵嶓俱嵯峨。伊余南冠系请室，摊书画卧如中魔。郭生示我华山碑，欲比七发捐沈疴。展碑抚卷忽起坐，再三叹息仍摩挲。桓灵之际文颇盛，六经刻石正谬伪。开阳门外讲堂畔，车辆观写肩相摩。鸿都学生竞虫鸟，宣灵孝子群鹳鹅。石渠白虎事已远，皇莪篇成世则那。此碑传自延熹载，石经未立先镌磨。丈人行可逼秦相，一饭礼本先光和。郭香香察未遑辨，但见浓点兼纤波。锋刃屈折陷铁石，崭岩高下连巀嵯。古来书佐擅笔妙，后代学士徒口呿。久嗟石踣毁赑屃，却喜纸本缠蛟蛇。墨庄旧物落髯手，如出周鼎获晋牺。身领童奴杂装治，手与心眼争烦挼。灵偃湘帙巧纯缘，史明牙签细刮磋。收藏定可压邺架，鉴赏况复穷虞戈。我昔遣祭入太学，肃拜石鼓拂臼科。依稀二百七十字，维鲔贯柳存无多。晴窗归抚古则卷，按节自诵昌黎歌。去年登岱访古迹，开元八分半暂呑鱻蠹。俗书刊落许公颂，烂斑漫漶余蜡蜗。风霜兵火恣残蚀，此本疑有神护诃。圣世文章就熸熄，珠囊儒雅失网罗。僝书不顾经若典，破体岂论隶与蝌。兔园村老议轩颉，乳臭儿子评邱轲。踏驳指日还见斗，嚣凌祀海宁先河。少小亦思略识字，沈沦俗学悲呙唆。况闻中原战群盗，盗窃名字纷么么。搜金剔玉殚屋壁，崩崖焚阙倾山河。汲冢书门遍烽燧，祈年岣嵝难经过。每怜耆旧委榛莽，谁集金石陵坡陁。郭髯连蹇赵崡死，老夫头白空吟哦。还碑梯几意惝怳，髯兮髯兮奈尔何。

新安汪氏收藏目录歌

鸿朗八百应寿昌，斗匡天府垂文章。东壁图书贲南极，光晶下薄天子障。金钱积气久盘郁，化为群玉分璆琅。羽陵宛委吐灵异，瑶函云笈差缥缃。晋书唐画出秘阁，永和淳化罗墨庄。昭陵玉匣夸购取，宣和金书矜奔藏。邺侯万签曾未触，桓玄一厨今不忘。东观词人著跋尾，奎章学士书右方。轩辕丹鼎借光气，天都草木增辉煌。人间墨绘汗牛马，敢与列宿分寒芒。清闭之阁萧闲堂，充栋插架闻古香。错列几案峙彝鼎，镇压卷帙填珪璋。疏窗眼明见仓籀，棐几日暖流丹黄。主人好古复好事，千金豪掷如针铓。弹琴煮茗自欣赏，高僧词客同平章。青娥摩挲辨款识，红袖拭拂焚都梁。凄凉不解云烟录，寒俭笑彼书画航。一之帝所梦不反，高冠长剑从文皇。平泉花木旋改易，卫公器物非故常。雷剑一往随取去，楚弓人得知何方。茂先室有残机杼，长吉家看古锦囊。一生嗜好存谱录，十载镌锼劳肺肠。遗墨宛然网尘箧，厥子翻得重装潢。郑重有如获拱璧，再拜示我涕泗滂。君不见，甲申以来百六殃，飙回雾塞何茫茫。昆明旧灰铄铜狄，陆浑新火炎昆冈。乘舆服御委粪土，武库剑履归旻苍。炮火荡抛琬琰字，马牛蹴蹋金玉相。南城丛残余煨烬，北门蒙瞽徒看详。神焦鬼烂遍泯灭，国亡家破同肃伤。宝玉大亏鲁史在，玉鱼金盌唐天长。漫云遗山谱器什，更与渊颖论沧桑。还君此册三太息，谒帝吾欲招巫阳。

大观太清楼二王法帖歌

神霄天子恢皇纲，重镌阁帖焕宝章。干戈久忘熙陵勣，图书欲压淳化藏。侍书著摹换钩搨，太师京讥新褫装。太清危楼切霄汉，乙夜御览回虹光。大观承平过星纪，宣和板荡垂靖康。声明文物扫松汉，翰林子墨炎崐冈。驼载唐碑失定武，毡裹周鼓残歧阳。册府秘阁俱已矣，长沙戏鱼徒相忘。新绛燥笔改东库，亮字损本来榷场。二府拜赐传掌故，三馆审定看堵墙。良常新铭不在世，羽陵旧蠹余几行。君从何处购此本，右军墨迹兼小王。续帖真成廿卷羡，万签何似二本良。墨华晶光出匮纸，笔阵折抹生锋芒。晴窗临摹挟飞动，棐几展玩铺云肪。裂纹木直非剥损，柜痕银锭谁低昂。从今鉴定归米薛，不收慰问嗤梁唐。但看鸾翔与凤翥，焉用冷金并硬黄。呜呼此本不易得，摩挲使我神惨伤。自从京阙暗戎马，又使馆阁沦沧桑。人间西清熸禁苑，天上东壁埋文昌。橐驼交迹践竹素，牛马渍汗污缥缃。甲衣狼籍剔钿锦，炮车迸裂穷琳琅。淤家兰亭填爨下，褚摹禊帖掷道旁。鲁公孝经麻姑字，儿童插标叫市坊。卷轴遑恤三千富，款书宁数丈二长。白麻何处博青缥，碧笺翻喜归黄肠。奇哉一本独完好，岂无六丁下取将。展卷俄惊隶识改，开奁先嗅古墨香。印缝无烦辨分剪，破体仍与论偏旁。何年瓦官阁鸱吻，有客山阴搜屋梁。玉躞金题重闭惜，褚妍欧怪空辉煌。已堪唐陵比玉匣，重许汉室开珠囊。伤心西升失至宝，漫眼东观欲发狂。吾家员印铭忠孝，长依书史缄箧箱。作歌无才继石鼓，阁笔再拜朝墨王。

曹　溶

字鉴躬，浙江嘉兴人，官侍郎。

对酒行同姜如须作

日光穿溜山峰出，久暗不雨终难必。褐衣蒸湿厌烦浣，连旬闭户春将毕。落拓萍踪俗尽疑，开怀放意无良术。何期云散复星移，与君海内为胶漆。侨寓正逐三吴滨，藜床土釜贫尤密。隔城数武物候殊，乘间相访休相失。方塘清水碧于染，轻舠欲似追风质。击鲜买酒荷地主，瓦盆杂坐爱真率。虎邱僧舍茶始芽，为我采致美无匹。且贪一饱对醽醁，随他百事同虮虱。愁人故态那禁得，洗盏凄其翻促膝。曾是丁年奉使臣，金鱼铁鹰陪行跸。忤奸直谏熊与姜，比肩论事最亲暱。朝堂盘踞多巨公，鄙躯未肯供诃叱。入殿虽希雨露恩，当时颇畏风霜笔。宁解反复存一身，蓬头垢袜不自恤。草间含涕觅妻子，手除溲渤安家室。凿蹄骄马嘶动地，血暗诸营攻觱篥。塞河秖见刍粮船，沿江悉填三边卒。不先不后太充斥，仰天此理焉能诘。偃然食肉还赋诗，甚愧人呼林下逸。锦帆京口暂迁居，更拟深村种秔秫。不尔浮沈廛市中，佯狂窃恐时贤嫉。返照檐前催冥色，苦语沾扆间清瑟。座中谁无忆旧情，饮罢微闻声唧唧。

赠程穆倩

汉台吹折仙人盘，饲凤无复青琅玕。漳浦青江两夫子，姓名独与烟霜寒。执经进屡邈难再，旧游乃在蓬蒿端。壬癸之间钩党急，白靴校尉廷前揖。槛车多载石渠英，窃窕龙楼排不入。卢沟被围雪洒面，玉堂学士出催战。长缨不遂翻相连，请室无光夜雷电。后先解网许南还，袱被轻舟疾如箭。纷纷交友争避匿，程子是日来相见。伤怀促膝石头城，一丝气运悬书生。劈笺裂帛写大义，决眦誓挽洪涛倾。歙州兵散杜鹃叫，郁孤蔓草天无情。屈指今存子程子，忍饥尽室去乡里。飞尘塞户瑶席敝，手注虫鱼续苍史。秋来值我邗关上，绿发依然垂两耳。问年六十余二三，摇笔放言哈不止。献寿聊抒禽鸟音，蒙庄托喻包深旨。无钱且醉文君垆，僵卧不为时贤起。眼底曾无夙昔人，那得佯狂不为此。予也清江门下士，淟涊残龄称后死。及见东都榜厨俊，又向铜驼哭荆杞。一从程子惜遗文，读之仿佛梦孤军。旷野无援万马蹄，碧血数斗蟠愁云。羁旅劝君还自力，古干毋为梁栋得。珍重平生金石心，皎如明月光初拭。

龚鼎孳

再见

大风行为周栎园作

长安大道尘拍天，朔风不号何怒颠。传闻汉庭方虑狱，都人观者纷骈阗。侍郎拳梏叫阊阖，累累木索同钩连。一言脱口黄沙起，万事苍茫争片纸。曈昽日出轩辕宫，忍照孤臣戴盆死。诸老逡巡视牍背，或复义声鸣感慨。谦让移时议忽同，奋笔大书法当贷。其时群口欢如雷，今日始逢天眼开。金水桥边尽漏静，浮云散尽终风回。初闻督府腾谤书，重瞳读之知子虚。闽海焚香万人哭，高幡急鼓随槛车。射乌城头海月昏，手飞铁炮鲸鲵奔。幕府上书曰臣亮，功大不可以罪论。出之缧绁须臾耳，独挈完城报天子。仆射军中若父兄，官罢人情乃如此。上党观察诚谊高，同时五贤郡法曹。对案流泪辄不食，不白此狱非人豪。六人逮系三广柳，生者三人复囚首。已分杨恽都市缚，谁纵虞卿解印走。我皇神圣真如天，文书乙夜披甘泉。四十五牍同日上，满车意苡消烁烟。今年盛夏雨泽枯，桑林步祷临天衢。诏下公车求谠直，请剑有人当陛呼。亚夫大哉胜赐玦，饱澍倾盆洗蒸鸷。敢云不雨烹弘羊，无乃为霖期傅说。七月十日曾几时，风翻雨骤何相随。天心倚伏殊有意，冰山毒雾空尔为。阴阳休咎关三府，人果回天天不怒。吁嗟乎！五风十雨何足奇，君不见，侍郎之风相公雨。

岭南喜晤曹秋岳作歌

琳宫飞阁冬残月，斜阳罢酒骊驹发。梅花腊尽海云边，恰停万里江门船。经岁风波怨离索，胶漆看颜豁漂泊。人言命驾似嵇吕，天遣扁舟同李郭。杂坐蓬窗夜始半，疏灯细雨心零乱。番舶鸡人筹屡更，银河敛色长天旦。是日星前锦席张，春风火树翻球场。清歌玉瑟杂羌拍，军城鼓罢仍笙簧。官斋玉浮图书府，笑披台牒多如雨。昼永名香伴鸲鹆，帘开琼雪调鹦鹉。广南珠璧愁凋枯，西园刻印金糢糊。酒垆告身昼狼籍，高楼大市欢鳌弧。一饭生民泪如霰，至尊旰食明光殿。薄海弄兵皆赤子，荒疆几日犹酣战。季主行藏卜贾生，一身久已私柴荆。轻帆落日五湖客，醉眠何处长安城。长安城夹风云高，车门轩盖如牛毛。南箕北斗漫指目，九天锻翮纷鸾刀。同时丹笔含元仗，重瞳造膝亲嗟赏。修蛾申詈起须臾，玉阶芳草生尘网。孟博登车空贾祸，黄门录牒县钩党。天关诛荡敞白日，主圣心能容倔强。江海一麾交戟下，颐指难承甘蹈藉。诸生幡正举阳城，狂奴态尚轻侯霸。逡巡浃月君留邸，摇落穷冬吾报罢。一斥犹存去国名，群贤空复工弹射。亡何骢马蹶霜蹄，我曹失路偏连鸡。野沙急瀼阴气入，高城呵殿惊云泥。茅檐炙冰晨不暖，冻禽未叫肩相齐。九重霆怒岂及夕，至令心骨寒诃诋。春水扬舲别津树，觚稜回首飘烟雾。市虎谗馋雪拾糜，同文簿又沾厨顾。青眼全经枫陛晓。黄扉已返榆关戍。江天徙倚鹤归来，携手云山非晚暮。即今海角挽君衣，铜柱功名志未违。壮夫抽身计亦得，不尔强食还翻飞。

为友沂题龙友画和虞山韵

南渡谁秉国钧者，当时争指贵阳马。皖江老狐据当道，清流喋血盈朝野。金盘火齐高如山，斜封墨勅畸封还。葛岭闲堂格天阁，锦装大轴连云间。一夕延秋六军散，白衣红袖徒悲叹。相府图书等告身，沟渠纸墨残花乱。龙友笔墨殊萧然，鲭盘游戏还仙仙。解衣兴至一挥洒，千岩万壑生秋烟。黄骢袴褶驰南陆，惯作虎头飞食肉。铁戟沙迷战鼓沉，枥马惊星地翻轴。丹青纵横久更新，荆关董巨流传真。苍茫古色照金石，贵阳亦有风流人。赵生意气深相取，晴窗还并孤松抚。此物携持应有神，九疑落月三湘雨。

寿白母长歌 孟新仲谓太夫人也

甲乙之际无事无，台城白昼嗥妖狐。丞相按剑坐交戟，绯衣赤捧喧天衢。中有一人髯且怒，昔母赵娆父王甫。风雷炙手托从龙，斧钺行空恣柙虎。失职蓝田怨久盈，俊厨风义激诸生。人伦月旦清裁出，大事春秋直笔争。是时二白皆年少，雕隼云峰立秋晓。霜翮常令狡兔愁，金眸不畏轻缯缴。希风海内盛诸君，挝鼓交腾逐客文。小人名辱身犹在，一言精悍张吾军。读书早读东京史，李杜齐名差可拟。纺车玉雪照灯青，古今淑母成君子。十年奏赋讪甘泉，敝箧同缄宝剑篇。一夕铜驼长荆棘，频开铁马嘶南天。草莽陈师勤国难，新亭对酒悲风乱。洒泣登舟动鬼神，扶危共望清河蒜。将军富贵蠡吾侯，汹汹先将乔固收。岂有曹鸾能讼党，却因刘鲔坐同谋。中宵片纸飞司隶，长者事兄弱者弟。郭揖相怜解绶惊，毛钦自失操兵锐。浛浛寒云贯械旁，入门别母空傍徨。寸葱对陨飞霜涕，萱草难忘爱日长。此日清流遭百六，槛车一网纷驰逐。北寺空歌凤鸟衰，南冠谁念旌旄秃。武安夜夜醉金貂，耳语能宽避席骄。共羡苍头无李善，何期朱户有王调。电掣飙回格天阁，健儿快马冲铃阁。赫蹄小字颇难详，但言误饮姜刘药。上游旗纛卷飞樯，万甲传呼起晋阳。妄意人情合张角，顿令赤帜劳扬匡。大军北促楼船渡，降帆火照丹阳树。角巾无恙白先生，司马门空笳吹暮。辇珠舆璧又江东，回鹘明妆舞队空。鼍鼓散军朝失势，壁门奏表夜论功。郿邬然脐膏乍冷，罡风人坠仙霞岭。鱼轩象服有庞眉，萧条鼎养凄飘梗。太母含饴拥绛帷，冰鲦碧笋娱春晖。眼看沧海麻姑劫，天与花軿莱子衣。茅容鸡黍安林峤，捧檄还开北堂笑。汉庭辟举首贤良，独行何辞三府召。小弟虎观先上书，英声籍甚翔公车。长安卿相竞倒屣，恨不立置承明庐。扬雄文似翻迟荐，明月瑶阶掩秋扇。三十六宫嚬翠蛾，倾城伫冠昭阳殿。昨日长兄书自南，柴门菽水清且甘。钟阜晴云当户牖，蒲团香雨滋优昙。薄游倦折宫城柳，黄菊两开正重九。心随征雁过滹沱，急归为进南陔酒。若母吾母交义直，登堂一拜犹逡巡。敢云房杜忝朋好，愿依陶孟称芳邻。栖栖京雒车尘白，项领磬折终何益。蕙茝离披自一时，葡萄烂熳仍千石。兴酣起舞属谁欢，卫尉东西不耐看。君知罗雀庭中事，正则何心薄子兰。归与若兄连榻语，信我风波久难处。小人有母恋牵裾，招隐况多丛桂侣。君家兄弟急朱轮，霄汉应须早致身。他日起居连八座，定知欢乐过千春。云门一奏党碑倒，雾霁甘陵日杲杲。女师母范世真稀，既有令名兼寿考。

樟树行用杜陵古柏行韵

古樟轮囷异枯柏，植根江岸无水石。风霜盘互不计年，枝干扶疏讵论尺。望中转柁愁易过，道旁掉臂真可惜。其下萧瑟枫林青，其侧参差茅宇白。十年跃马桑干东，双松诘曲慈仁宫。紫鸽翔舞避偃蹇，苍龙蜒蜿回虚空。今来荒野忽有此，数亩阴雪争天风。当时万幕驻金甲，大树飒沓开神功。勿言将压烦榱栋，傲睨高原川谷重。寒翠宁因晚岁凋，孤撑不畏狂澜送。地近军城耀水犀，天开阿阁巢云凤。自古全生贵不材，樟乎匠石忧终用。

刺船行用少陵负薪行韵

广南人物矜奢华，绿珠容色倾天家。不知风俗始何代，刺船柁妇偏愁嗟。终朝赤脚波心立，背上儿从橐中入。白浪层崖片桨飞，烹鱼裹饭随时给。恶踏娇啼恒在颈，一身男女劬劳并。地昧暄凉耐袂衣，天教螺蚌生枯井。平生不识脂粉痕，夜夜呼儿餔菜根。为问坠楼金谷里，何如辛苦长江村。

吴伟业

五见

三松老人歌

三松老人七十一，箬帽棕鞋神奕奕。座上支颐避世翁，小年走马长安客。长安此日车如风，十人五人衣衫同。卖术黄银殷七七，搊筝翠袖张红红。西苑楼台飞百尺，洛阳贾人进花石。宣政门开候赐钱，杜陵日暮分曹奕。大艑十丈封黄罗，驱环一寸如清昈。织罽先呈尚衣局，饰珰共宴卖珠胡。二月高梁走燕九，小儿绿橦女射柳。马客虬髯笑系袜，蛾姬辅靥呼尝酒。贺老琵琶李謩笛，兴庆楼前初下直。曲曲新声我辈闻，五侯宣索知何及。玉河归骑景阳钟，曳缟乘肥胜日中。醉值金吾争道过，将军司隶与钱通。二十年来重到此，不见当年游侠子。南陌朝催间架钱，西山夜拾回中矢。老夫濩落复何求，寒涧江潭独倚楼。一身结客半天下，万里归来空白头。

送旧总宪龚孝升以上林苑监出使广东

与君对酒庾楼月，君逼干戈我离别。与君藉地燕山草，君作公孤我潦倒。亦知穷老应自疏，识君意气真吾徒。门前车马多豪俊，摄衣上坐容衰鬓。我持半勺君一斗，我吟一篇君百首。每逢高会辄尽欢，把我新诗不容口。今日他乡再送君，地角天涯复何有。山川有灵交有命，延津会合真难定。如君共事曹侍郎，百僚弹压风裁正。握手论交海内推，交游京洛声华盛。秋风吹向越王台，后先踪迹谁能信。不见兰台连柏府，却过剑浦来珠郡。相赠虽无陆贾金，相看何必周昌印。丈夫豁达开心期，悠悠世上无人知。三仕三已总莫问，一贵一贱将奚为。别君劝君休失意，碧水丹山暂游戏。客路扁舟好著书，故园九日堪沉醉。乌桕霜红少妇楼，桄榔雨黑行人骑。独有飘零老伏生，不堪衰白困将迎。祗因旧识当涂少，坐使新知我辈轻。花发罗浮梦君处，踯躅悲歌不能去。

过昙阳观访文学博兼感苍师[①]

先生头白发垂耳，博士无官家万里。讲席漂零笠泽云，乡心断绝昆明水。南来道者为苍公，说经如虎诗如龙。大渡河头洗白足，一枝椰栗栖中峰。与君相见砉然笑，石床对语羁愁空。故园西境接身毒，雪山照耀流沙通。神僧大儒却并出，雕题久矣渐华风。呜呼！铜鼓鸣，庄蹻起，青草河边筑营垒，金马碧鸡怅已矣。人言尧幽囚，或言舜野死，目断苍梧泪不止。吾州城南祠仙子，窈窕丹青映图史。玉棺上天人不见，遗骨千年蜕于此。先生结茅居其傍，归不归兮思故乡。尽道长沙军，已得滇池王。伏波南下开夜郎，乌荧孤城犹屈强，青蛉绝塞终微茫。忽得山中书，苍公早化去。支遁经台树陨花，文翁书屋风飘絮。噫嘻乎悲哉！香象归何处？杜宇啼偏哀，月明梦落光烺台。丈夫行年已七十，天涯戎马知何日？点苍青，洱海白，道路虽开亦无及。

校记：

①过昙阳观访文学博兼感苍师：吴伟业《梅村家藏稿》卷十《后集二七言古诗》，作“昙阳观访文学博介石兼读苍雪师旧

迹有感。”

悲歌赠吴季子

人生千里与万里，黯然消魂别而已。君独何为至于此？山非山兮水非水，生非生兮死非死。十三学经并学史，生在江南长纨绮。词赋翩翩众莫比，白壁青蝇见排抵。一朝束缚去，上书难自理，绝塞千山断行李。送吏泪不止，行人复何倚？彼尚愁不归，我行定已矣。八月龙沙雪花起，橐驼垂腰马没耳。白骨皑皑经战垒，黑河无船渡者几。前忧猛虎后苍兕，土穴偷生若蝼蚁。大鱼如山不见尾，张鬐为风沫为雨。日月倒行入海底，白昼相逢半人鬼。噫嘻乎悲哉！生男聪明慎勿喜，仓颉夜哭良有以。受患衹从读书始，君不见，吴季子？

萧史青门曲

萧史青门望明月，碧鸾尾扫银河阔。好畤池台白草荒，扶风邸舍黄尘没。当年故后嬿好家，槐市无人噪晚鸦。却忆沁园公主第，春莺啼杀上阳花。呜呼先皇寡兄弟，天家贵主称同气。奉车都尉谁最贤，巩公才地如王济。被服依然儒者风，读书妙得公卿誉。大内倾宫嫁乐安，光宗少女宜加意。正值官家从代来，王姬礼数从优异。先是朝廷启未央，天人宁德降刘郎。道路争传长公主，夫婿豪华势莫当。百两车来填紫陌，千金榼送出雕房。红窗小院调鹦鹉，翠管繁筝叫凤凰。白首傅玑阿母饰，绿韝大袖骑奴装。灼灼夭桃共秾李，两家姊妹骄纨绮。九子鸾雏斗玉钗，钗工百万恣求取。屋里熏炉滃若云，门前钿毂流如水。外家肺腑数尊亲，神庙荣昌主尚存。话到孝纯能识面，抱来太子辄呼名。六宫都讲家人礼，四节频加戚里恩。同谢面脂龙德殿，共乘油壁月华门。万事荣华有销歇，乐安一病音容没。莞蒻桃笙朝露空，温明秘器空堂设。玉房珍玩宫中赐，遗言上献依常制。却添驸马不胜情，至尊览表为流涕。金册珠衣进太妃，镜奁钿盒还夫婿。此时同产更无人，宁德来朝笑语真。忧及四方宵旰甚，大家兄妹话艰辛。明年铁骑烧宫阙，君后仓皇相设绝。仙人楼上看灰飞，织女桥边听流血。慷慨难从巩公死，乱离怕与刘郎别。扶携夫妇出兵间，改朔移朝至今活。粉碓脂田县吏收，妆楼舞阁豪家夺。曾见天家羡璧人，今朝破帽迎风雪。卖珠易米反柴门，贵主凄凉对谁说。苦忆先皇涕泪涟，长平娇小最堪怜。青萍血碧他生果，紫玉魂归异代缘。尽叹周郎曾入选，俄惊秦女遽登仙。青青寒食东风柳，彰义门边冷墓田。昨夜西窗仍梦见，乐安小妹重欢燕。先后传呼唤卷帘，贵妃笑折樱桃倦。玉阶露冷出宫门，御沟春水流花片。花落连回头往事非，更残灯炧泪沾衣。休言傅粉何平叔，莫见焚香卫少儿。何处笙歌临大道，谁家陵墓对斜晖。只看天上琼楼夜，乌鹊年年他自飞。

琵琶行

琵琶急响多秦声，对山慷慨称入神。同时汉陂亦第一，两人失志遭迁谪。绝调王康并盛名，昆仑摩诘无颜色。百余年来操南风，竹枝水调讴吴侬。里人度曲魏良辅，高士填词梁伯龙。北调犹存止弦索，朔管胡琴相间作。尽失传头误后生，谁知却唱江南乐。今春偶步城南斜，王家池馆弹琵琶。悄听失声叫奇绝，主人招客同看花。为问按歌人性白，家住通州好寻觅。袴褶新更回鹘装，虬髯错认龟兹客。偶因同坐话先皇，手把檀槽泪数行。抱向人前诉遗事，其时月黑花茫茫。初拨鹍弦秋雨滴，刀剑相摩毂相击。惊沙拂面鼓沈沈，砉然一声飞霹雳。南山石裂黄河倾，马蹄迸散车徒行。铁凤铜盘柱摧塌，四条弦上烟尘生。忽焉摧藏若枯木，寂莫空城乌啄肉。辘轳夜半转咿哑，呜咽无声贵人哭。碎佩丛铃断续风，冰泉冻壑泻淙淙。明珠瑟瑟抛残尽，却在轻笼慢捻中。斜抹轻挑中一摘，谬栗飕飗憯肌骨。衔枚铁骑饮桑乾，白草黄沙夜吹笛。可怜风雪满关山，乌鹊南飞行路难。猿啸鼯啼山鬼语，瞿塘千尺响鸣滩。坐中有客泪如霰，先朝旧值乾清殿。穿宫近侍拜长秋，咬春燕九陪游宴。先皇驾幸玉熙宫，凤纸佥名唤乐工。苑内水嬉金傀儡，殿头过锦玉玲珑。一自中原盛豺虎，暖阁才人撤歌舞。插柳停搊素手筝，烧灯罢击花奴鼓。我亦承明侍至尊，止闻鼓乐奏云门。段师沦落延年死，不见君王赐予恩。一人劳悴深宫里，贼骑西来趋易水。万岁山前鼙鼓鸣，九龙池畔悲笳起。换羽移宫总断肠，江村花落听霓裳。龟年哽咽歌长恨，力士凄凉说上皇。前辈风流最堪羡，明时迁客犹嗟怨。即今相对苦南冠，升平乐事难重见。白生尔尽一杯酒，由来此技推能手。岐王席散少陵穷，五陵召客君知否。独有风尘潦倒人，偶逢丝竹便沾巾。江湖满地南乡子，铁笛哀歌何处寻。

听女道士卞玉京弹琴歌

驾鹅逢天风，北向惊飞鸣，飞鸣入夜急，侧听弹琴声。借问弹者谁？云是当年卞玉京，玉京与我南中遇。家近大功坊底路，小院青楼大道边。对门却是中山住，中山有女娇无双。清眸皓齿垂明珰，曾因内宴值歌舞。坐中瞥见涂鸦黄，问年十六尚未嫁。知音识曲弹清商，归来女伴洗红妆。枉将绝技矜平康，知此便足当侯王。万事仓皇在南渡，大家几日能枝梧。诏书忽下选蛾眉，细马轻车不知数。中山好女光徘徊，一时粉黛无人顾。艳色知为天下传，高门愁被旁人妒。尽道当前黄屋尊，谁知转盼红颜误。南内方看起桂宫，北兵早报临瓜步。闻道君王走玉骢，犊车不用聘昭容。幸迟身入陈宫里，却早名填代籍中。依稀记得祁与阮，同时亦中三宫选。可怜俱未识君王，军府抄名被驱遣。漫咏临春琼树篇，玉颜零落委花钿。当时错怨韩擒虎，张孔承恩已十年。但教一日见天子，玉儿甘为东昏死。羊车望幸阿谁知，青冢凄凉竟如此。我向花闲拂素琴，一弹三叹为伤心。暗将别鹄离鸾引，写入悲风怨雨吟。昨夜城头吹筚篥，教坊也被传呼急。碧玉班中怕点留，乐营门外卢家泣。私更妆束出江边，恰遇丹阳下渚船。剪就黄纯贪入道，携来绿绮诉婵娟。此地由来盛歌舞，子弟三班十番鼓。月明弦索更无声，山塘寂莫遭兵苦。十年同伴两三人，沙董朱颜尽黄土。贵戚深闺陌上尘，吾辈飘零何足数。坐客闻言起叹嗟，江山萧瑟隐悲笳。莫将蔡女边头曲，落尽吴王苑里花。

银泉山

银泉山下行人稀，青枫月落鱼灯微。道旁翁仲忽闻语，火入空坟烧宝衣。五陵小儿若狐免，夜穴红墙县官捕。玉椀珠襦散草间，云是先朝郑妃墓。覆雨翻云四十年，专房共辇承恩顾。礼数由来母后殊，至尊错把旁人怒。承直宫中侍宴回，血里银环不知数。岂有言辞忤大家，蛾眉薄命将身误。宫人斜畔伯劳啼，声声为怨骊姬诉。尽道昭仪殉夜台，万岁千秋共朝暮。宫车一去不相随，当时枉信南山锢。只今云母似平生，皓齿明眸向谁妒？选侍陵园亦已荒，移宫事迹更茫茫。两朝台谏孤忠在，一月昭阳旧恨长。总为是非留信史，却怜恩宠异前王。路人尚识东西李，指点飞花入坏墙。

海户曲

大红门前逢海户，衣食年年守环堵。收蒿腰镰拜啬夫，筑场贳酒从樵父。不知占籍始何年，家近龙池海眼穿。七十二泉长不竭，御沟春暖自涓涓。平畴如掌罢东作，水田漠漠江南乐。驾鹅鹂鹈满烟汀，不枉人呼飞放泊。后湖相望筑三山，两地神州咫尺间。遂使相如夸陆海，肯教王母笑桑田。蓬莱楼阁云霞变，晾鹰台上何王殿。传说新罗玉海青，星眸雪爪飞如练。诈马筵开擱酒香，割鲜夜饮仁虞院。三百年来话大都，平生有眼何人见。头白经过是旧朝，春深惯锁黄山苑。典守惟闻中使来，樵苏辄假贫民便。芳林别馆百花残，廿四园中烂熳看。记得尚方初荐品，东风铃索护雕阑。葡萄满摘倾筠笼，苹果新尝捧玉盘。赐出宫中公主谢，分遗阙下侍臣餐。一朝剪伐生荆杞，五柞长杨怅已矣。野火风吹蚂蚁坟，枯杨月落虾蟆水。尽道千年苑囿非，忽惊万乘车尘起。雄图开国马蹄劳，将相风云剑槊高。帐殿行城三十里，旌旗猎猎响鸣鞘。朝鲜使者奇毛进，白鹰刷羽霜天劲。旧迹凌歊好放雕，荒台百尺登临胜。俊鹘重经此地飞，黑河讲武当年盛。吊古难忘百战心，扫空雉兔江山净。新丰野老惊心目，缚落编篱守麋鹿。兵火摧残泪满衣，升平再睹修茅屋。衰草今成御宿园，豫游只少千章木。上林丞尉已连催，洒扫离宫补花竹。人生陵谷不须哀，芦苇陂塘雁影来。君不见，鄠杜西风萧瑟里，同丹青早起濯龙台。

宫扇

宣皇清暑幸离宫，碧槛青疏十二重。七宝铸铜薰鸭贵，千金磁翠斗鸡红。玳瑁帘开南内宴，沈香匣起西川扇。蝉翼描来云母轻，冰纨制就天孙艳。丹霞滃起驾云拼，王母双成绛节还。玉管凤衔花万寿，银涛龙蹴海三山。芙蓉水殿琉璃彻，内家常苦樱桃热。九华初御咏招凉，落叶回风若霜雪。蛾眉万里尚方船，雉尾千秋奏御笺。公主合欢交翡翠，昭容反影斗婵娟。遭逢召见南薰殿，思陵日昃犹挥汗。天语亲传赐近臣，先生进讲豳风倦。黄罗帕捧出雕阑，画箑丹青掌上看。俸薄买嫌灯市价，恩深携谢阁门班。自离卷握秋风急，蹇驴便面谁人识。闻道烽烟蔽锦城，齐纨楚竹无颜色。石榴喷火照皇都，再哭苍梧愧左徒。旧内谩悬长命缕，新宫徒贴辟兵符。雨夜床头搜废箧，摩挲老眼王家物。半面犹存蛱蝶图，空箱尚记霓裳叠。蠹粉黄侵琼树花，曲尘香损紫鸾车。珠衣五翟悲秦女，玉坠双鱼泣汉家。莫叹君恩长断绝，比来舒卷仍鲜洁。乍可襟披宋玉风，不堪袖掩班姬月。

宣宗御用戗金蟋蟀盆歌

宣宗在御升平初，便殿进览豳风图。暖阁才人笼蟋蟀，昼长无事为欢娱。定州花磁赐汤沐，玉粒琼浆供饮啄。戗金髹漆隐双龙，果厂雕盆锦香褥。攸飞著翅逞腰身，玉砌轩謦试一鸣。性不近人须耿介，才堪却敌在僄轻。君王暇豫留深意，棘门灞上皆儿戏。斗鸡走狗谩成功，今日亲观战场利。坦额长身张两翼，锯牙植股须如戟。汉家十二羽林郎，蛊达封侯功第一。临淮真龙起风云，二豪螟蛉张与陈。草间窃伏竟何用，灶下厮养非吾群。大将中山独持重，却月城开立不动。两目相当振臂呼，先声作势多操纵。应机变化若有神，僄突仿佛常开平。黄须鲜卑见股栗，垂头折足亡精魂。独身跳免追且急，拉折攀翻只一掷。蠮螉塞外蠕蠕走，使气穷搜更深入。当前拔栅赌先登，夺采争筹为主人。自分一身甘瓦注，不知重赏用黄金。君王笑谓当如此，楚汉雌雄何足齿。莫嗤超距浪轻生，横草功名须致死。二百年来无英雄，故宫瓦砾吟秋风。一寸山河斗蛮触，五千甲士化沙虫。灌莽微躯亦何有，捉生误落儿童手。蚁贼穿墉负败胔，战骨虽香嗟速朽。凉炼九月长安城，黑鹰指爪愁双睛。锦鞲玉绦竞驰逐，头鹅宴上争输赢。斗鸭阑空舞马死，开元万事堪伤心。秘阁图书遇兵火，厂盒宣窑贱如土。名都百戏少人传，贵戚千年向谁赌。乐安孙郎好古癖，剔红填漆收藏得。我来山馆见雕盆，蟋蟀秋声增叹息。呜呼！漆城荡荡空无人，哀蛩切切啼王孙。贫士征夫尽流涕，惜哉不遇飞将军。

田家铁狮歌

田家铁狮屹相向，甜毯蹲夷信殊状。良工朱火初写成，四顾咨嗟觉神王。先朝异物来西极，上林金锁攀槛出。玉关罢献兽圈空，刻画丹青似争力。武安戚里起高门，欲表君恩示子孙。铸就铭词镌日月，天贻神兽守重阍。第令监奴睛闪烁，老能当路将人攫。不堪此子更当关，钩爪张眸吐银腭。七宝香猊玉辟邪，嬉游牵伴入侯家。园人新进天闲马，御赐仍名狮子花。假面羌胡装杂伎，狻猊突出拳毛异。跳掷声声画鼓催，条支海上何由致。异材逸兽信超群，其气毋乃如将军。将军岂是批熊手，瞋目哮呼天下闻。省中忽唱田蚡死，青犊明年食龙子。虾蟆血洒上阳门，三十六宫土花紫。此时铁狮绝可怜，儿童牵挽谁能前。橐驼磨肩牛砺角，霜摧雨蚀枯藤缠。主人已去未扉改，眼鼻尘沙经几载。锁钥无能护北门，画图何处归西海？吾闻沧洲铁狮高数丈，千年猛气难凋丧。风雷夜半戏人间，柴皇战伐英灵壮。芦沟城雉对西山，桥上征人竟不还。枉刻蹲狮七十二，桑乾流水自潺潺。秋风吹尽连云宅，铜凤铜乌飞不得。却羡如来有化城，香林狮象空王力。扶雀牦牛见太平，月支使者贡西京。并州精铁终南冶，好铸江山莫铸兵。

雒阳行

诏书早洗雒阳尘，叔父如王有几人。先帝玉符分爱子，西京铜狄泣王孙。白头宫监锄荆棘，曾在华清内承直。遭乱城头乌夜啼，四十年来事堪忆。神皇倚瑟楚歌时，百子池边弱柳丝。早见鸿飞四海翼，可怜花发万年枝。铜扉未启牵衣谏，银箭初残泪如霰。几年不省公车章，后来数罢昭阳宴。骨肉终全异母恩，功名徒付上书人。贵强无取诸侯相，调护何关老大臣。万岁千秋相诀绝，青雀投怀玉鱼别。昭丘烟草自苍茫，汤殿香泉暗呜咽。析圭分土上东门，宝毂雕轮九陌尘。骊山西去辞温室，渭水东流别任城。少室峰头写桐漆，灵光殿就张琴瑟。愿王保此黄发期，谁料遭逢黑山贼。嗟乎龙种诚足怜，母爱子抱非徒然。江夏漫裁修柏赋，东阿徒咏豆萁篇。我朝家法逾前制，两宫父子无遗议。廷论由来责佞夫，国恩自是优如意。万家汤沐启周京，千骑旌旗给羽林。总为先朝怜白象，岂知今日误黄巾。邹枚客馆伤狐兔，燕赵歌楼散烟雾。茂陵西筑望思台，月落青枫不知路。今皇兴念穗帷哀，流涕黄封手自裁。殿内遂停三部伎，宫中为设八关斋。束薪流水王人戍，太牢加璧通侯祭。帝子魂归南浦云，玉妃泪洒东平树。北风吹雨故宫寒，重见新王受诏还。惟有千寻旧松栝，照人落落嵩高山。

永和宫词

扬州明月杜陵花，夹道香尘迎丽华。旧宅江都飞燕井，新侯关内武安家。雅步纤腰初召入，钿合金钗定情夕。丰容盛鬋固无双，蹴鞠弹棋复第一。上林花鸟写生绡，禁本钟王点素毫。杨柳风微春试马，梧桐露冷暮吹箫。君王宵旰无欢思，宫门夜半传封事。玉几金床少晏眠，吴娥越艳谁频侍。贵妃明慧独承恩，宜笑宜愁慰至尊。皓齿不呈微索问，蛾眉欲蹙又温存。本朝家法修清宴，房帷久绝珍奇献。勅使惟追阳羡茶，内人数减昭阳膳。维扬服制擅江南，小阁炉烟沈水含。私买琼花新样锦，自修水递进黄柑。中宫谓得君王意，银环不妒温成贵。早日艰难护大家，比来欢笑同良娣。奉使龙楼贾佩兰，往还偶失两宫欢。虽云樊嫕能辞令，欲得昭仪喜怒难。绿绨小字书成印，琼函自署充华进。请罪长教圣主怜，含辞欲得君王愠。君王内顾恤倾城，故剑还存敌体恩。手诏玉人蒙诘问，自来阶下试啼痕。外家官拜金吾尉，平生游侠多轻利。缚客因催博进钱，当筵便杀弹筝伎。班姬才调左姬贤，霍氏骄奢宝氏专。涕泣微闻椒殿语，笑谈豪夺灞陵田。有司奏削将军俸，贵人冷落宫车梦。永巷传闻去玩花，景和门里谁陪从。天颜不怿侍臣愁，后促黄门召共游。初劝官家佯不应，玉车早到殿西头。两王最小牵衣戏，长者读书少者弟。闻道群臣誉定陶，独将多病怜如意。岂有神君语帐中，谩云王母降杂宫。巫阳莫救苍舒恨，金锁凋残玉筯红。从此君王惨不乐，丛台置酒风萧索。已报河南失数州，况经少子伤零落。贵妃瘦损坐匡床，慵髻啼眉掩洞房。豆蔻汤温冰簟冷，荔支浆热玉鱼凉。病不禁秋泪沾臆，裴回自绝君王膝。苔没长门有梦归，花飞寒贪应相忆。玉匣珠襦启便房，薤歌无异葬同昌。君王欲制哀蝉赋，诔笔词臣有谢庄。头白宫娥暗颦蹙，庸知朝露非为福。宫草明年战血腥，当时莫向西陵哭。穷泉相见痛仓皇，还向官家问永王。幸免玉环逢丧乱，不须铜雀怨兴亡。自古豪华如转毂，武安若在忧家族。爱子虽添北渚愁，外家已葬骊山足。夜雨椒房阴火青，杜鹃啼血濯龙门。汉家伏后知同恨，止少当年董贵人。碧殿凄凉新木拱，行人尚识昭仪蒙。麦饭冬青问茂陵，斜阳蔓草埋残垄。昭丘松槚北风哀，南内春深拥夜来。莫奏霓裳天宝曲，景阳宫井落秋槐。

卷　七

七言古诗

宋　琬

再见

钓台图歌赠马兰台山人

九嵕山人聊玩世，伏波将军之苗裔。家在汉陂紫阁间，孤情独与烟霞契。弹筝叩缶本秦声，裂芰为衣皆楚制。儒冠误人几半生，秋风屡雪刘蕡涕。长焚笔砚事丹青，泼墨吮毫称绝艺。横皴酷似黄大痴，细染还宗吴仲圭。近代以来数文沈，嘉隆而后作者谁。山人工意不工似，匠心自出无专师。卢龙山水颇不恶，韩家钓台尤最奇。一峰高入白云里，登楼坐见海沧湄。游人欲绘每束手，譬如写照难须眉。一日坐我悠然堂，解衣盘礴无人窥。须臾图成挂诸壁，高岩邃谷光参差。濒澮旋涡渔艇立，窈冥洞口烟萝垂。主人韩生有狂癖，此台自尔高曾贻。见图再拜悲且喜，重之不啻商尊彝。便买贞珉勒山侧，酹酒欲告山灵知。山人此别欲何往，赠汝一枝筇竹杖。避世宜从麋鹿群，结庐高卧仙人掌。宁恤床头妻子饥，要令胸中丘壑长。我今持节越王城，兰渚剡溪恣偃仰。预拂霜绡以待君，一挥欲使群山响。记取雪深一丈时，山人须鼓山阴桨。

放歌行赠马义征

画花如欲语，画鸟如欲飞。徐黄已往不可作，近数淮南马布衣。蹇驴箬笠来燕市，五侯屏障生光辉。尤善苍鹰及鸿雁，枫林飒飒芦花稀。霜拳未下狐兔走，碧波群唼荇藻肥。我从陇首来，携得一鹦鹉。顾影辄哀鸣，交交念俦伍。君绘其一桐花阴，素壁雕笼相向舞。雪衣化去委苍苔，丹青尚尔留风雨。高士从来信不羁，云林迂绝虎头痴。狂歌白眼每惊座，醉卧青楼醒画眉。鹔鹴典后复何有，但言贯遍卢龙酒。只今八月雁来时，袖中秃笔还如帚，一幅吴绡沽一斗。

施闰章

三见

舟过皖城友人饷以鲟鲊六器

雪花鲈鲙餐不足，错落燕支染寒玉。琉璃瓶贮暗生香，开颜劝尽杯中酥。此去三江自有鱼，难将双鲤报君书。扁舟载得故乡味，尝遍江鱼如不如。

姑山行送瑞屏

十年不向姑山去，别恨羁愁乱如雾。箨冠草履故人来，相看犹似山中住。衙斋萧瑟客无毡，片石荒台倚独树。主人鹿鹿竟何为，论心不得同期暮。记昔孤山夜坐时，石泉手汲炊松枝。倾盘芋栗杂鸡黍，酒尽床头醉不辞。坎轲君今垂五十，白发星星时抱膝。纵饮不多思醉眠，怕听城头吹觱篥。君为穷愁来海滨，到来展转愁官贫。出入姑山贫自好，路远天寒惭故人。

伏生祠堂行

祖龙烈焰焚天地，断简残编尽捐弃。诸儒白骨成山丘，仓颉史籀夜垂泪。上蔡李斯甘罪首，忍使万古斯文坠。天遗一老在人间，火然不到胸中字。须臾赤帝重瞳来，阿房一炬咸阳灰。表章经学汉文出，诏求耆旧过徂来。是时先生耄且病，以口代手鸿蒙开。二十九篇《尚书》备，配享立庙何崔嵬。我来再拜心彷徨，侧身望古涕沾裳。避秦博士穷独叟，姚虞三代今未亡。庞眉碧眼具冕服，丹青满壁生辉光。有女被绣珥明珰，受书掌故拱其旁。丰碑古篆不可详，诸生俎豆歌乐章，灵旂仿佛来翱翔。

送张大参虎别

皎皎双白鹤，双栖自相匹。一朝羽翼分，悲鸣声唧唧。唧唧终当别，离肠无断绝。诵了诗如锦，重我心如结。蓼虫习苦人谓甘，君去艰辛向谁说。湖西三郡皆疮痍，山连楚越多崄巇。尔我犄角犹难治，君去愁将一木支。载书归兴何萧爽，山川到处延清赏。累月曾眠西子湖，三峰旧踏仙人掌。爱君意气轻华簪，爱君流水操素琴。十年在匣今一鼓，殷勤珍重怜知音。相思江上树，江云忽已暮。惆怅春光好，却共美人去。白鹭洲前青雀舟，萧滩望断倚高楼。相期斗酒难相值，心逐长江千里流。

临江太守行

临江江水见江底，太守酌之甘如醴。临江野田半荆棘，太守见之泪沾臆。露冕东郊骑瘦马，牛背牧儿不肯下。官斋种药兼种蔬，厨中但有武昌鱼。

周体观

三见

塞上

老夫荷戈四十年，昔时战地今为田。垂老无力事农田，数陇却在阴山边。生长儿孙苦不早，开种山田筋力小。鸡鸣独裹糇粮出，月下归就边城道。沙场白骨谁家子，我来收汝归蒿里。白骨白骨识予不，先汝从军后汝死。

王士禄

四见

焦山古鼎歌

海云堂中暮相索，古鼎照人光驳荦。龙文独许吾丘知，篆名略辨周京作。宛同石鼓出陈仓，那数铜狄传西洛。韩公摩挲指向予，曾入秦家格天阁。云烟过眼已成虚，剑去珠还事堪愕。安陆飞龙亦英主，玄修晚慕轩辕乐。一德何人曰相嵩，金铉只用青词博。朝廷仍收养士报，杨沈蹇蹇如雕鹗。鼎铛有耳岂不闻，耻向回风作秋箨。萼山厮养称先生，纷纷冠盖多酬酢。（严年嵩，奴也，时呼萼山先生。）当时不鄙赵师彝，于今谁怜贾秋壑。从来铸鼎戒饕餮，此物胡为亦遭攫。山头尚有椒山诗，（《山头有椒山遇访荆川》诗云：杨子怀人渡扬子。）三尺古碑墨光错。只字重于神禹金，犹向山林辟不若。老奴真欲愧欧阳，（嵩妻。）廿载钤山空寂莫。培垒已拉冰山摧，有铁谁能铸此错。襄回三叹轩几旁，极目江天莽寥廓。

湖心亭大风雨歌[①]

湖楼梦破朝徘徊，吴君叶君折简催。欲以胜游荡羁思，金尊兰桨容趋陪。一醉湖亭好风日，四山静绿如春苔。忽忽殷雷起山脊，黑云压槛声焞焞。夔牛鼓震日月死，驱山铎掣陵峦摧。急雨注射激万弩，层波黝黝争喧豗。回风云旗飒，出没鼋鼍鼓，沫江妃哀恍如轩辕。张乐洞庭野，蛟龙杂遝缠，尊罍又如神禹。行水过桐柏，巫支腾踔群灵猜。山胁乍穿怒涛涌，危桥欲圻神鞭回。狂生顾视臆才豁，奴子屏息颜如灰。须臾势过万态息，翠屏玉鉴亭亭开。湘灵鼓瑟九疑静，李謩吹笛清风来。我醉湖山亦已屡，大抵好女临妆台。久对令人少志意，兹来壮观真奇哉。山川情状出明晦，丈夫意气生风雷。歌成长啸兴未已，好呼山月浮深杯。

校记：

①湖心亭大风雨歌：（清）王士禛《感旧集》（清乾隆十七年刻本）卷八作"湖心亭大风雨歌吴香为叶子肃席上作"。

曹尔堪

字子愿，浙江嘉善人，官学士。

养蚕词

清明洗箔出蚕子，细小如针黑如蚁。绿鬟不理剪嫩桑，半月辛苦一寸长。二眠起后筠筐满，罗敷陌头愁日短。不寒不暖四月天，薪炭何曾费一钱。银钗换鱼衫换肉，清还直待头蚕熟。头蚕已熟茧蛾早，今年郭外缫车少。战鼓频惊成乱丝，养吞安得如往时。

程可则

三见

送邵横庵之秦中

五月火云烧幽州，大风驱之云不流。昨夜雨来不盈掌，山鬼叫啸农为愁。远闻秦中黑霜下，化作蜸蠖飞满野。秦人瘠畏越人视，君今西去胡为者。道是终南山色佳，四时众壑鸣风雷。莲花百丈青照眼，骑龙直上升仙台。君家昔日东陵老，种瓜却解尘缨早。我欲随君问故侯，何由共踏青门道。

汪　琬

三见

九日刘公戢招游草桥

右安门外斜阳悬，驾鹅雁鹜纷平田。草桥去天才尺五，相邀共策珊瑚鞭。暮云隐隐横白练，远山历历含苍烟。道旁担夫荷秋色，渐觉景物东篱妍。须臾下马入幽径，花开如缀黄金钱。借问何人种花者，葛中倪类陶公贤。班荆杂坐陂陀侧，一一笑语皆八玄。狂来便作鸜鹆舞，醉后乱拨鹍鸡弦。吾侪握手岂易得，况复簿领相拘牵。东南菘莱碧于玉，鸡头渐稀菱角鲜。分湖紫蟹已输稻，亭黄雀方披绵。故乡风物殊可怜，欲赋归去无由缘。此身宁殊笼中鹤①，日夕引吭愁腾骞。有花有酒且行乐，莫待绿鬓成华颠。掀髯大笑杜陵叟，空将老健思明年。

校记：

①此身□殊笼中鹤：据（清）王士禛《感旧集》（清乾隆十七年刻本）卷十补录为“此身宁殊笼中鹤”。

自湖港入蕉龛

西山山色如环连，尧峰一角尤搀天。山中松石秀而野，山下李梅幽更妍。数家墟落近相接，后通曲港前平田。出檐高支卖酒望，绕岸竞尾罱泥船。老夫卜筑山之麓，不置夏屋惟卑椽。穿渠稍决旁舍溜，种竹但引西家鞭。朝来解后风日美，山红涧碧供攀援。啸声直排烟雾起，快步欲斗猿猱先。偶遭邻父泥小饮，亦访社衲谭盲禅。幅巾行縢绝可喜，路人不识疑为仙。人生忽忽如寄耳，底要不朽垂千年。不如乞此把茅地，陶村郑谷师前贤。

予每蔬食因历叙山村所有蔬菜作歌

穷乡滋味殊不穷，迩来自幸山庖丰。棕鱼散生肤毳里，箨龙逸出鞭须中。楮根逢雷蒸紫箪，芎苗过雨抽芳丛。芋魁兼斤颇红润，芦菔径尺尤肥松。白菘如豚瓠类鸭，试评其美将无同。烂蒸何妨着盐酪，作糁未要加姜葱。老夫一饱扪此腹，欣然徐步村西东。鳖裙鹅跖渠不羡，肯为黄鸡白酒烦邻翁。

王士禛

四见

傅侯天马歌

傅侯天马身八尺，风发卓立双瞳方。赤毛朱翼信龙种，神姿磊落形昂藏。来从流沙涉西极，玉山之禾偶栖息。意气生能轻虎兕，骁腾未屑循羁勒。四蹄鸟爪如钢钩，经过千里风飕飕。虎身壮士控不得，仰视阊阖浮云愁。昔日湖南始征战，军中骅骝号百万。此马振鬣始一鸣，欻如天上惊雷电。一从罢战归中原，三年不复从櫜鞬。渔阳落日下白草，壮心更欲穷河源。安得此马飞上天，不烦万里遮穷边。即看郊祀陈天马，何减登歌太乙年。

萧尺木楚辞图画歌

大江秋老歌离骚，江波瑟瑟风刁刁。怪石巃嵸厌奔涛，猩猩啸雨悲猿猱。楚累一去二千载，使我后死心劳忉。啮桑败盟西帝骄，商于六百横相要。武关一入不复返，章华台殿生蓬蒿。

江潭憔悴子兰怒，蛾眉谣诼羌安逃。长楸龙门望不见，木藭桂树栖鸱枭。骐骥不御愁踽跳，菉葹薋薋糅申椒。呵壁荒唐罢天问，沅湘西逝魂难招。萧梁王孙笔侻傜，攀挈顾陆提僧繇。丹黮粉黕写此本，墨花怒卷湘江潮。湘君夫人降荒忽，国殇山鬼来萧飕。青枫斑竹染啼血，灵风神雨纷飘飖。酒阑歌罢老蛟泣，星辰迸落江天高。

明景帝废陵

金山南临裂帛湖，荒陵十里鸺鹠呼。夺门事往二百载，行人过此犹欷歔。红墙剥尽古瓦落，莓苔溜雨生铜铺。老松离立色枯槁，但穴虫蚁余根株。葴涂龙楯礼本杀，矧乃劫火经樵苏。咫尺天寿云气接，坏土独葬西山隅。洪宣老臣稍凋丧，国成一旦归刑余。勃鞮之问史所贬，讵有宦寺干征诛。黄沙惨澹鼓声死，万乘一掷成累俘。国有君矣社稷重，孙申谋郑无差殊。白登城南翠华返，钱塘司马功难诬。纷纷南渡议和战，乃知计左非良图。仝寅之占信奇中，朝衣东市嗟何辜。剑南归来西内闭，唐家父子输厩奴。处人骨肉事非易，子臧季札今则无。功罪千秋有特笔，九鼎一发须人扶。谥同泉鸠理太酷，纪年犹幸无革除。裁令流水良亦足，宁论玉匣还珠襦。欲落不落夕阳下，吊古且复留斯须。残碑灭没牛砺角，石玃横卧苍髯须。君臣一代尽宿草，雍门太息当何如。

眉州谒三苏公祠

蟆颐山色腴不枯，玻璃江水如醍醐。眉州城郭劫灰后，水塍漠漠成榛芜。邮亭下马询老卒，苏公故第城西隅。旋来束带荐苹藻，辰良何必烦神巫。往者此地铁脚乱，高门大宅皆焚如。此祠岿然谁所作，维公大节惊顽愚。双柏轮囷溜霜雨，廷立冠剑古丈夫。长公遗象龙眠笔，马券剥落涪翁书。残碑插笏尚林立，紫藤碧藓缠龟趺。祠西一水最萧瑟，经霜茜萏犹扶疏。甘蕉一丈覆檐霤，落花乱迸红珊瑚。当年结构不草草，要令咫尺成江湖。故园如此不归老，与人家国徒区区。琼儋雷藤历九死，口甘熏鼠随猿狙。头纲八饼有何意，桄榔万里非吾庐。两公神灵未磨灭，应翳白凤游清都。游戏下界亦聊尔，鲲鹏岂必抢枋榆。眉州玻璃天马驹，酹公三爵公归乎。

登高望山绝顶望峨眉三江作歌

四海复四海，九州还九州。河伯海若更相笑，蟪蛄何足知春秋。今年辞帝蓬莱宫，乘风偶作西南游。中条姑射不足数，失喜太华扬高旒。河潼远拆巨灵跖，钩梯百丈临龙湫。终南太白幻云物，秦栈诘屈哀猿愁。锦城小住五十日，岷山秀色垂帘钩。青城玉垒居首接，灌口屈注双江流。兴极欲蹋大峨脊，却骑瘦马来龙游。嘉州罨画枕江上，孤峰缥缈东南浮。神霄玉清有遗迹，登临可以消烦忧。蹋泥盘盘到绝顶，江山披豁开只眸。峰峦八面簇金碧，下瞰江海如浮沤。八十四盘在衣带，气凌五岳骄公侯。暮云早雪互明灭，兜罗绵现无时休。岷江从东来，奔腾回万牛。沫水汇青衣，簸荡千斛舟。三江九峰倏然合，丹崖翠嶂穷雕锼。江山奇丽冠天下，何意绝景来蛮陬。天风蓬勃日西坠，搔首欲去仍淹留。荆吴万里自兹始，来朝起柁寻巴邱。

展子虔高欢归晋阳图

黄河浩荡流三城，龙门底柱禹所营。巨舟峨峨掉尾鲸，乘风破浪来峥嵘。身临河魁贺六浑，虬髯虎视真天人。红妆执乐一千指，玉貌锦衣充下陈。黄头鲜卑一何锐，怒如佽飞轩猛气。露车载酒非狂生，复有敖曹好兄弟。当年霸府气如虹，洛阳三月珍珠红。韩陵片石纪元功，晚逢黑獭非笼东。荧惑一朝犯南斗，下殿真成入关走。伤心渭水日东流，鹳鸽跦跦实戎首。展生何年写此图，丹青横绝绝代无。想见枥头网恶马，如此老公岂人下。

东丹王射鹿图念东先生席上作

人马势逸不可当，开图素练生风霜。奇哉落笔如挽强，谁其作者东丹王。东楼西楼二千里，乘秋出猎凌穷荒。番部红靴铁袮裆，左射右射必叠双。凿蹄骄马如风樯，三花剪鬣纷怒张。俊鹘初变为正鸽，苍鹰蹋翅随马缰。雄狐狡兔皆遁藏，射麋丽龟走且僵。东丹昔日称人皇，扶余开国邻扶桑。秋冬射猎海东碛，头鹅燕罢传醴浆。跨海南归大梁苑，时时梦忆穹庐乡。往往丹青自游戏，寸缣尺素如琳琅。宣和压架六千轴，东丹九幅千金装。艮岳灰飞玉匣散，此图岂不关兴亡。蜡炬如椽照空廊，雄谭剧饮累百觞。东丹丹青远擅场，蹊田夺牛语堂堂，令人千载悲同光。

瞿山画松歌寄梅渊公

谁能画龙兼画松，鳞而爪鬣行虚空。谁能画松如画石，石骨荦确松蒙茸。韦銮董羽两奇绝，眼中突兀瞿山翁。瞿山翁所居乃在柏枧深山中，此山上与黄山通。轩辕鼎成上天去，遗薪往往成虬龙。翁时散髻坐颠顶，兴酣泼墨浮空蒙。孤根裂石不三尺①，倒饮万丈疑雄虹。瞰临峥嵘下无地，盘拏云雾回长风。世人少见多所怪，绝技岂必昭群聋。两峰对起何巃嵸，瀑流直下当其冲。辊雷喷雪不知数，下与松势相撞舂。抚松看瀑者谁子，得非偓佺之属青羊公，何时与翁结庐天都云海东。松肪煮罢方两瞳，更千万世无终穷。

校记：

①孤根裂石不□尺：据（清）王士禛《渔洋山人精华录》（四部丛刊影印林佶写刻本）卷四补录为“孤根裂石不三尺”。

王若水古木鸣禽图为子昭郎中作

古木幽篁乱疏搼，下有棘枝聚寒雀。枝头颗颗红珊瑚，石畔菲菲芳杜若。一雀振羽如欲飞，一雀掉尾矜毛衣。复有两雀目相瞩，号作窃丹知是非。鹧鸪临流宛相并，戢翼回头复交颈。黄陵庙襄花落时，啼罢钩辀照双影。高堂置酒相徘徊，眼中不数濠梁崔。天清雪霁北风作，多少苍鹰欲下来。

戴氏鼎

昔在京师赋方鼎，年少笔力回千钧。焦山鼎图岁在巳，江海起立鱼龙奔。迩来衰谢二十载，虽有意气无由振。戴氏此鼎何处得，势如怪兽狞以蹲。平头负戴到蓬户，四座动色谁敢扪。云雷盘旋间饕餮，斑斑古色疑周秦。凹中尾鬣状天马，缘居鼫鼠拱且驯。或云子午纪年月，或如癸甲兼庚申。或云干上艮在下，天山为遁理则均。著马履鼠古所训，义云阴屈而阳伸。制器尚象有深戒，寡闻尠见徒纷纭。大巧坐令倕龁指，流俗岂辨饲与馂。丹枫阁中尽奇古，此鼎屹立何雄尊。市丘鼎鬲任嘲笑，烹鸡何似羞明神[1]。不烦更问柳下季，历千万世存吾真。

校记：

①□鸡何似羞明神：据《渔洋山人精华录》（四部丛刊影印林佶写刻本）卷四补录为“烹鸡何似羞明神”。

摩厓碑

有客新自湘江归，登堂示我浯溪碑。芒寒色正三百字，忠义之气何淋漓。白日行天破幽曀，走避罔两潜神夔。忆昔天宝初丧乱，渔阳突骑如飙驰。二十四郡少义士，平原太守独誓师。平生不识颜真卿，乃能一木支倾危。清河年少气慷慨，十岁作质平卢儿。中兴大业起灵武，功成不死神扶持。道州刺史昔漫叟，振笔大放琼琚词。请公摩厓书绝壁，镌镵千仞青云梯。蛮烟瘴两不剥蚀，万古照耀天南陲。昨者剧贼乱滇海，盗据衡永为根基。太平祭告遍群望，山川一洗无磷淄。宜有雄词继前代，摩厓重刻浯溪湄。

侯方域

再见

鹦鹉啄金杯歌

鹦鹉啄金杯有二，其下皆注成化字。两赤鹦鹉栖碧梧，两小青雀交睛视。天子好尚动鬼神，土泥变化为金翠。更有樱桃二八颗，细如粟粒迎风坠。是名四妃十六子，又为太平双喜事。当年宪皇阙前星，贵妃持之献祥瑞。大明遗事有如此，不比人闲金玉器。此杯今藏吴氏家，传闻神物颇为累。孝廉死后归他人，陈生感旧一下泪。命酒饮我请为歌，浩歌未终发长喟。劝君莫饮鹦鹉杯，非人非时亦非地。灞陵遗老常吞声，忍读开元西狩记。

钱澄之

再见

胡星卿茅屋歌

白鹭洲接大江濆，牧马儿来动成群。先生避世何处去，合家住近公主坟。茅屋三间倚坟脚，门户倚斜草绳缚。篱外时闻樵妇喧，树下每有渔船泊。先生田无一石租，糊口祇赖青囊书（星卿精堪舆术）。春深妇子竞锄菜，水落弟兄公养鱼。可怜茅屋多年破，五柳阴中留客坐。风雨淹旬不出门，先生高卧举家饿。先生本是公主孙，当年驸马最承恩。驯象门西起府第，至今基址宛然存。府基荒去坟园冷，细竹寒花空满岭。洗菜犹传金水桥，灌畦争汲琉璃井。东川战功晚始酬，驸马还蒙少主优。靖难师来家已破，子孙旋失东川侯。夺爵犹加主国号，上书乞恩无不报。下降闻在高帝年，问安尚睹英宗诏。诏书累朝墨有光，龙笺宝篆枕中藏，主家法物一朝尽。朴素惟留驸马床，驸马之床朴如此。想见国初俗不侈，当时赐出椒房宫。如今锁在茅屋里，茅屋相看几度春。终年抱膝不知贫，叩门半是先朝爵。失路时怜帝室亲，先朝帝室复谁在？茅屋栖迟人勿怪，君不见，开平王后怀远侯，妻子负薪身种菜。

湖孰种菜歌

金陵城东湖孰村，中有隐者开平孙。通侯甲第今已矣，意气豪华无复存。开平去今凡几代，五王之后惟君在。往昔争言青门瓜，如今独数湖孰菜。问谁种菜满畦新，一家生计只三人。终岁把锄菜畦里，妇能炊饭儿负薪。为君妇亦太辛苦，娇贵当年难比数。翟珈赐出小侯妻，珠翠裹成上公女。都人犹记嫁时装，如云妾媵烂生光。台前照镜轮梳髻，架上熏衣派管香。一朝散去竟何有，相对唯余双白首。早从府内厌笙歌，还向村中操井臼。村中井臼倚柴扉，卖菜还愁终岁饥。长夜不肯然薪坐，十指侵寒绽故衣。东川子孙公主裔，妻孥行汲心常愧。闻说君妇尽伤情，无心更拟求奴婢。

同左家兄弟游碾玉峡因怀方尔止

龙眠溪水自东来，穿厓泻壑如奔雷。山腰峡阔不盈尺，束水水急声喧豗。水声束急势转大，喷珠跳玉不肯过。雪浪银涛昼夜争，一条飞下青山破。左生本是樵牧群，振衣蹑级欲凌云。邀我过水坐盘石，对面大声语不闻。石头坐久寒生栗，柱杖半染苔痕绿。想见方公此读书，空山无人一茅屋。即今茅屋已全倾，竹刺藤梢绕径生。夜深或有精灵出，月白应闻啸咏声。漂泊遥怜方仲子，三十年来称名士。一生作客不思归，好水好山弃在此。

朱彝尊

锡鬯，浙江秀水人，官检讨。著有《竹垞文类》。

罗浮屈五过访

春风蝴蝶飞绿草，南园遍知是麻姑。五色裙罗浮山下，曾相见，开门一笑逢人。远来问我桃花津，若非绿玉杖，定跨黄麒麟。不然出入京洛一万里，何为布素无缁尘？相知乐莫乐，不用金箱图。五岳况今天地多战争，赤城华顶风烟惊。山阴道士不得见，四明狂客谁相迎。由拳城南春可惜，竹石如山水千尺。从此扁舟范蠡湖，长歌来往裴休宅。

将之永嘉曹侍郎饯于江上吴客韦二丈为弹长亭之曲并吹笛送行歌以赠韦即送其出塞

韦郎旧隶羽林籍，曾向营门教吹笛。不听吴中白雪音，定呼邺下黄须客。平原相见转相亲，置君夸君坐上宾。下若尊罍朝未罄，东山丝竹夜还陈。闲来坐我花间奏，玉洞飞泉响岩溜。古调多传关马词，新声似出康王授。问我东行到海堧，日斜江上惨离筵。还将北雁南飞曲，催送钱塘楚客船。船人擂鼓津头泊，红叶千山富春郭。忽作边秋出塞声，江枫岸柳纷纷落。哀弦促管不堪听，宾御闻之亦涕零。挂席远移严子濑，看山直上谢公亭。闻君欲问云中戍，雪消饮马长城去。广武营边折柳时，黄瓜阜上题书处。司农旧是出群材，此日征西幕府开。试向尊前歌一曲，梅花飞遍李陵台。

蒋广文留饮缙云学舍为谈仙都之胜

轩后丹砂就，乘龙上紫清。不知沧海畔，亦有鼎湖名。故人家住梅溪上，渡口扁舟日来往。一别柴门已二年，看山忽作仙都长。要予松下饭胡麻，言自仙都道士家。时有青童来海市，或看玉女载河车。一朝风雨青天注，马迹龙颟不知处。莲花一片天上来，从风飘落东阳去。东阳游女弄潺湲，素舸绿流濯足还。笑拾飞花看不足，当歌明月出云间。广文先生居四壁，青山无数堂阶侧。采药曾迷阮客踪，洼尊旧是阳冰宅。君去仙都访道书，金龙玉简定何如。他时倘入神仙窟，携手同骑白鲤鱼。

赠郑簠

金陵郑簠隐作医，八分入妙堪吾师。朅来卖药长安市，诸公衮衮多莫知。伊余闻名二十载，今始邂逅嗟何迟。自从鸿都石经后，工者疏密无定姿。任城学宫阙里庙，罗列不少汉人碑。簠也幽寻遍摹搨，羲娥星宿摭无遗。《郃阳》《酸枣》法尤备，心之所慕手辄追。黄初以来尚行草，此道不绝真如丝。开元君臣虽具体，边幅渐整趋肥痴。寥寥知鲜八百祼，尽失古物成今斯。迩来孟津数王铎，流传恨少无人据。太原傅山最奇崛，鱼颃鹰时势不羁。临清周之恒，委曲也得宜句。吴顾苓粤谭汉暨歙程邃，名相持未若簠也。下笔兼经奇绵，如云烟飞欲去屹，如柱础立不移。或如乌惊堕羽翮，或如龙怒撑之而箕张。昂萃各异状，屏障大小从所施。平山堂成蜀冈涌，百里照耀连云榱。工师斫扁一丈六，众宾叹息相瞠眙。须臾望见簠来至，井水一斗研隃糜。由来能事在独得，笔纵字大随手为。观者但妒不敢訾，五加皮酒浮千鸱。我闻此事足快意，目虽未睹心已怡。安得留之数晨夕，醉时窃拊醒肩随。卢沟桥北风已厉，子今南去生凌澌。骊驹在路留未得，岁聿其暮云谁思。钟山草堂定好在，放溜且任吴中儿。华阳瘗鹤字剥露，邓尉遗树花参差。无锡城边见严四，示我长歌一和之。

钱陆灿

号湘灵，江南常熟人，孝廉。

凤阳与戚价人叹旧

钟离郡城帝王里，崎岖卒苦见戚子。各去家乡一千里，奚为踯躅乃到此。叹我饥驱徇一毡，渡江几葬鱼腹死。子亦杖策何处来，戚促低眉少欢喜。与子握别芙客江，十四年间昨日耳。相逢并话余生在，萧寺灯花坐晻暧。十年游宦入秦中，堕哭风尘傍边塞。旧官挂欠责新官，弹章讼系谁宽贷。已分他乡付骨骸，焉望归田荷锄耒。茶马骑骢两故人，脱骖越石垂青睐。遂许回辕赋西岳，并得作记镌东岱。戚子忧患岂草草，诗文尚足抒怀抱。怜余憔悴若拘囚，忽漫江湖看衰老。少年同学金闺籍，当时好友沙门岛。何地阳春走双脚，但令冬烘叹头脑。况有空房黯澹魂，中宵失却麻姑爪。强携儿女寄金陵，眼底生涯逾潦倒。逆旅堕猿闻太息，异乡徒步伤枯槁。为子更数癸巳前，为子更忆长安道。长安道上故人多，白面郎君瘦马驮。子之亲家予至友，三人饮酒同高歌。子先出都唐子住（采臣），胪传上第锵鸣珂。余亦南还意慨慷，汝辈登朝余涧阿。明年三月惠山下，临觞不饮颜微酡。从此诀去遂茫茫，卢龙出使尚书郎。黄沙啮肌风刺骨，牙齿缺落传可伤。岁暮还朝见天子，度支三辅开神仓。有书一函曾附北，书当到日人卧床。只今唐子墓草宿，输予与子犹徜徉。摩挲蒯缑飒相向，年年芳草长无恙。子又骑驴去寿春，余欲东归系屦緉。未怕颠风江怒号，金陵酒店开佳酿。一纸平安寄余怀（澹心），家人南归宁敢忘。目送西州旧弟兄，安邑丰千慎所访。榴花烂漫鲥鱼鲜，归涂过余秦淮上。

屈大均

四见

南海神祠古木棉花歌

十丈珊瑚是木棉，花开红比朝霞鲜。天南树树皆烽火，不及攀枝花可怜。南海祠前十余树，祝融旌节花中驻。烛龙衔出似金盘，火凤巢来成绛羽。收香一一立花须，吐绶纷纷饮花乳。参天古榦争盘拏，花时无叶何纷葩。白缀枝枝蝴蝶茧，红烧朵朵芙蓉砂。受命炎州丽无匹，大阳烈气成嘉实。扶桑久已摧为薪，独有此花擎日出。高高交映波罗东，雨露曾分扶荔宫。扶持赤帝南溟上，吐纳丹心水火中。二月花开三月叶，半天飞落人争接。东风乱剪猩红绒，儿女拾来柔可折。正及春祠百谷王，神灵不使马蹄蹀。还怜飞絮白如霜，织为緂布作衣裳。银钗扣罢双铜鼓，岁岁看花水殿旁。

雷阳郡斋醉中走笔呈吴使君

使君风流世所宗，饮酒不醉真酒龙。一麾出守濒海郡，三年坐啸擎雷峰。有一酒狂人不容，闻君新醅荔支浓。沈香觥船大如斗，中有扇沙嫩鹿茸。香貍之脯鲨鱼翅，玉盘行出如春菘。使我朵颐不能已，番禺千里来相从。仲秋月照郡斋夕，轰饮吏人俱辟易。鲸鱼自合干百川，偃鼠犹能尽一石。玉山忽倒红氍毹，谈禅交吐夜光珠。娇歌婉转东西和，花旦温柔左右扶。英雄达生无不可，一代糟丘今属我。古来贤圣岂浮云，奚必二豪同蜾蠃。昔人酒中惟陆沈，阮公一醉直至今。酣放动经六十日，千载惟公知此心。

女儿葛歌

女儿十三发覆额，精工善作女儿葛。花针挑出葛丝丝，织成蝉翅弱霏霏。一端祇得三四铢，出入笔管轻且微。十年一匹不满机，制为夫婿乘凉衣。日炙葛丝皱，风吹葛丝旧。儿郎惜葛丝，莫向风日走。宁无绮罂罗，是侬手所就。

王又旦

四见

谒司马子长祠

生居司马里，家近长河湄。龙门遗迹常在眼，出郊怀古将何之。松柏一径绕崩石，我来策马趋灵祠。百丈层台俯大路，已觉萧飒寒飙吹。升堂伏谒见遗像，四壁云气何参差。平生欲识古人面，彷佛与我同须眉。少梁旧是二千载，荒烟漠漠南山陲。我闻登善居冯翊，梦中宛见平原姬。侍儿尚司同州土，西亭告语来何奇。先生魂气应不往，坐对千千青玻璃。韩山中断大河下，苍茫万里回坤维。是时初凉移大火，秋色隔岸高汾脽。忆昔楼船泛河上，翩翩万乘纷旌旗。菊芳兰秀殊可念，中流高唱秋风辞。惆怅何年宝鼎没，茂陵衰草空离离。文章富贵皆断梗，千秋白日西南驰。我携尊酒寄啸傲，酩酊不辨糟与醨。歌罢归来倚枕卧，山头月脚悬东篱。（汾阴后土祠，隔河对峙，汉武横汾地也）

一貉行

山人朝猎得一貉，换米一筥十日乐。一貉可怜获一筥，百貉成裘知几许。素丝细制光蒙戎，堆床照耀锦绣红。王孙著来骑大马，霜飞雪下无寒风。时移调易不称意，金翠纵横遭委弃。朱门错刀如流泉，还忆山人始得年。

菟庵呈钟子

芝水淙淙云一湾，高槐作花清昼闲。祇林近在板桥外，剥啄一响开禅关。大河直泻摇底柱，推窗两岸罗烟鬟。洵州钟子羁栖客，日扶筇杖相追攀。对饮惟贯一壶酒，坐令市上嘲寒悭。饮之不醉聊尔尔，为怜过眼千花殷。终南之南有君室，室中两妇皆朱颜。一自西城动戍鼓，褒斜夜火烧青山。男儿蓬累亦云乐，东门一出何当还。落日残霞起晋望，隔林列岫光斓斑。解得龙蠖同幻相，长依香界齐人间。

古鼎歌 鼎中一马一鼠，引《吕氏春秋》为证据，知周鼎也

夜坐金景流房栊，一南一北云逢逢。谁为此者惊愚蒙，戴氏之鼎来河东。子水母土木火功，古色不辨贯与崇。翡翠青间玫齐红，饕餮怒张杂夔龙。蜿蜒之势何其工，中有一马方双瞳。其下隐约凭社虫，或云干与艮相从。不然子午识夏冬，纷纭众说胡能同。鲁真齐赝空懵懵，何人博雅为谭宗。考图论世自镐丰，忆昔神庙称时雍。斯器原出蓬莱宫，天球河图与大镛。蜼敦纪甗争春容，金耶张耶椒房雄。乞而有之作清供，大梁左右兴兵戎。豪门散尽随霜蓬，零落不复求亡弓。呜呼！治乱何匆匆，使我感叹填心胸。大烹杳矣难继踪，此物合依蒲苇丛。主人有阁名丹枫，阁前后百花纡茸。两耳三距位当中，玩视聊寄疏且慵。王生作歌纪始终，惭无长管摇白虹。

彭孙遹

三见

秦筝歌送顾翊南之鄜州

君不闻秦筝声最苦，孤雁流哀生极浦。擘弦促住一再弹，陇首征夫泪如雨。关河迢递三川道，古树苍茫秦树老。万里行人听暮笳，五原宾从空秋草。故人拥传向秦城，杜甫山堂月正明。晓参渐落秦声歇，不见秦城见明月。

田 雯

字子纶，山东德州人，官巡抚佥都御史。

枣 树[①]

西邻枣树摇露梢，寒风戛触如吹茭。过墙干叶不胫走，乱投屋上三重茅。前月纂纂垂朱实，大似橘柚新劈包。谁遣儿童扑剥尽，郁屈乔棘空枝交。忽忆乡园此时节，篾篮无数来村郊。木奴千头那足数，杂以梨栗兼瓜匏。冬官嚼噉不称意，日饱笼饼盘无殽。霜威折绵北地冷[②]，夕虫动股鸣堂坳。憔悴几嗟汉南树，凉暑思煎黏日胶。傍檐乌尾向人掉，入夜柳瘿连床敲。昨听石林解根窟，强挑灯火读一爻。[③]

校记：

①枣树：（清）田雯《古欢堂集》（清文渊阁四库全书本）卷六作“西邻枣树”。

②霜□折□北地冷：（清）田雯《古欢堂集》（清文渊阁四库全书本）卷六补录为“霜威折绵北地冷”。

③昨听石林解根窟，强挑灯火读一爻：（清）田雯《古欢堂集》（清文渊阁四库全书本）卷六作“隔屋听者三叹息，如此长夜何呶呶”。

毛奇龄

字大可，又名甡，浙江萧山人，官检讨。著有《桂枝集》。

白云楼歌

白云楼高接，天雕甍玉柱。相钩连上看，挟飞鸟漠漠。翔云烟下看，垂溜悬飞泉。凭阑欲数城外山，卧听颍水流潺潺。郡王夙昔居其间，启祯之际藩府稠。郡王十七留禹州，当时各请建飞楼。敕地命名巨细分，博闻为最次白云。白云者谁，怀庆君。仙人楼居飨王孙，嶒嵘金碧日月昏。钧天之乐歌管翻，青蛾紫袍抱瑟弹。迥若细雨吹云间，听者若寐欲寤难。天阴昼晦欢宴促，荡荡城门乌啄肉。一从流寇乱中州，万瓦千楹总陵谷。白云楼今尚存，下有断垣上有轩。土中金丝盌，井边玉丝盏。一丝直一钱，万丝十千贯。摧碎弃井边，玉涩石钱满。辟楼植瓦作州署，重凿青天入云住。山头日出扬曙光，风里杨花落飞絮。使君拾杨花，饮我楼外亭。通池引曲溜，潋潋楼前鸣。持觞一望楼头絮，几欲登楼百感生。

罗三行

周秦以来古歌绝，汉代延年尚能说。逡巡魏晋中再亡，杜夔左镇徒猖狂。开元神武兴法曲，高头教坊谱相续。华原骠国集塞胡，立部声喧坐歌促。金元起创爨舞辞，因之变伎歌参差。九宫分谱限南北，一十九韵音调微。明兴一代本无乐，胡吹番讴苦交错。优伶爨弄习转深，南曲浸烦北浸落。相传南曲始吴下，梧苑风流宛如昨。吴侬创调翻古歌，翻出新声美无价。当年绝唱称昆山，松常折嗓浙齿顽。张芸朱美魏良父，至今嗣续犹艰难。杭州罗三重意气，誓欲寻源夺高第。摄总绝慧通鬼神，一霎从来品题异。依声按律节奏奇，宫商相接复相离。涵融便捷莺语涩，急决嗷嘹鸽鸣迟。声沿版定寸为掠，韵七字三前与后。新生故死黍粒分，迫度缓稽肌理铸。一声将发坐客定，数变将终动神性。流离迁客涕泪倾，窈窕新娘怨思迸。搊筝摘阮徒自豪，吹师失管弦工逃。吴中谭如并张燕，到此不敢争鸣号。东昌坊头合歌版，首坐毛甡泣何满。哀吟失职贫士情，那问终趋共前缓。罗三歌罢拉瑶瑟，手把金卮揖甡出。自言不是寻常人，耻作当年李协律。生平好酒名酒徒，结交满坐皆屠酤。上之不屈古王者，其下讵嫌今大夫。千金散尽独长啸，故作歌吟杂啼嗓。娈童十万蒲伏前，不足当予日调笑。毛公落笔能有神，悲能写哭怒写嗔。貌于今于死不朽，至今于作忘言人。昔年听歌及寒食，桃花满树风前拆。歌来倏忽又一年，今夕听歌是何夕。今歌既欢且复苦，坐者停声立停舞。寒蝉数弄咽柳条，孤雁一声堕江浦。洞庭秋风刚叶下，去春在昼今在夜。霜繁露白月欲明，竹断弦弛鼓初罢。宛如花底摘生叶，少妇缫丝自成节。严钢锲处银锷凉，冰瓮开时水晶裂。又如石齿决金薤，刓核吹芦擘风籁。屏高烛短坐叹愁，昔日梨园近何在。蹉跎相失淹岁月，非我能忘弃前说。我亦沈沦年又年，憔悴相看总离别。东昌坊里九曲园，高车驷马填前轩。听歌满堂勿相问，此中唯见毛甡冤。毛甡沈沦本无极，那复罗三又失职。罗三当复歌此歌，莫道声繁歌不得。

方殿元

三见

大道绿杨楼歌

妾家高楼临大道，绿杨几树东风好。游丝缭绕故多情，娇莺睍睆声难老。楼中四尺八绮窗，六三夫壻羽林郎。朝挟金丸随辇路，暮抱银筝归洞房。人生易惹三春恨，凭君莫动封侯愿。不见北邻柳色昨日新，今朝不似侬家春。若向燕支得倾国，玉门三月杨花白。

卷　八

七言古诗

林古度

字茂之，福建福清人。

新柳篇

东风吹动杨柳时，初萦雾缕绾烟丝。沿河间陌方萦树，离雪辞霜始放枝。枝头树底看仍旧，淑气才融春乍透。浓澹轻黄尚未匀，参差浅碧犹难骤。轻黄浅碧露郊墟，借草分蒲嫩有余。袅袅亭亭娇且怯，纤梢短线非一叶。王恭张绪漫争论，旅舍边营正怆魂。可堪系马章台畔，渐许藏乌向白门。白门紫塞那堪比，逗暖凝寒异生死。楚泽拂应齐汉宫，眠未起舞出腰肢。斗并柔画来眉黛，纤谁拟此时宛彼。欲成行此时攀折，待条长翠楼忽使。佳人悔驿路，将令游子伤。曳雨摇烟日犹冷，艳李浓桃色俱醒。玉关羌笛动遥声，灞水隋隄弄微影。声声影影总愁人，软媚飘飏讵可陈。渤海高丛争拟贵，金城重见易伤神。多少鬓颜销歇尽，曾如杨柳故还新。

新燕篇

新燕至，语呢喃。连翩辞海上，迢递到江南。去秋相别年已两，今岁重逢月又三。三月晴光唬百鸟，争群逐队齐飞绕。若似双栖画栋春，谁如并蹴珠帘晓。珠帘翠幕屡疑猜，画栋雕梁认几回。寂莫旧巢仍自觅，殷勤远道为谁来。来寻故垒添辛苦，多少新人更旧主。数数身轻杨柳风，低低翅湿梨花雨。花边柳外舞差池，掠水衔泥无暇时。忽向歌台拂弦管，乍临妆阁碍游丝。一日复一日，朝出暮还入。系缕事犹存，司分期已及。王谢豪华久已非，至今古巷问乌衣。莫教侣失情空断，待得雏成秋共归。（孝威曰："那子二诗是四子风调，却情致环生，无臃肿堆塞之病，所以为佳"）

邢　昉

三见

琵琶亭下作

北风拍浪吹帆破，百尺樯高浪中簸。千里已到九江城，日落琵琶亭下过。琵琶亭空水绕天，嶙峋四角含秋烟。当时风景复何有，枫叶芦花犹宛然。此地连年兵革苦，前月杀人如刈楚。岸上无人鬼哭多，江边白骨堆成土。我来湓浦更逢秋，祇听江声咽复流。孤城未有三家店，旅客曾无一叶舟。舣舟夜宿浔阳郭，东船西船非估舶。安有商妇拨琵琶，能使天涯叹流落。亭子萧条亦可怜，琵琶声绝戍鼙连。谁知此夕江州泪，非复伤心为四弦。

钓艇歌　时有劝子游荆岳者①

十年垂白发，流浪逐人间。人间不得志，叹息摧朱颜。如今蹭蹬还乡里，却叹从来绝知己。耕田未置两角犊，系岸新成一艇子。两桨初摇出苇滩，钓丝风漾把长竿。苇花十里犹惆怅，何况迢迢沣有兰。

校记：

①时有劝予游荆岳者：（清）邢昉《石臼集》（清康熙刻本）后集卷二为“己丑秋，白门归，始制一小艇，将老于湖上而垂纶焉。会有劝子游荆岳者，乃作《钓艇歌》以示之。”

九月十三夜宿武昌城下

前夜月色白，汉口舣舟在。江北今夜月色微，武昌城下烟霏霏。烟雾霏霏江寂寂，船尾跳鱼似梭掷。城上高楼已作灰，更有何人夜吹笛。夜阑嘹唳一鸿惊，邻舟悄悄四无声。休更扁舟浮梦渚，祗今愁绝武昌城。

井金行

石阑斑驳苔生井，井上辘轳百尺绠。辘轳汲尽井中水，累累黄金出井底。百夫荷担万人观，缨帽箭衣多大官。担夫流汗官啧啧，马蹄烂漫光成团。入井出井刚一载，炙手熏天气安在。白玉横缠厮养身，黄金那不委埃尘。井旁侧近两宫路，忆昨六龙从此去。丞相虚传扈跸行，舆台争指淘金处。

陆嘉淑

号冰修，浙江海宁人。

采桑曲

江南三月青阳天，桃花匼匝杨花颠。流莺自语玄鸟斜，陌上谁家双鬟雅。绣箔柔匡临碧帊，百帖春蚕眠不起。素腕迢迢倚夕阳，清盼的的回秋水。别有梅花洞房妾，永日盈盈泪凝睫。织成锦字寄别离，结成同心锁笥箧。偶向城隅恨自滋，长怜春暮心尤怯。使君五马莫踟蹰，儿家夫婿关西侠。

陈恭尹

字元孝，广东顺德人。著有《独漉堂集》。

送人归耕苍梧歌

苍鹰六翮不上天，化为春鸠啄人田。壮士有力不搏虎，两角肥牛耕瘠土。毛摧雨落君莫叹，龙屈蛇伸自终古。送君耕，耕何所？上有苍梧之深山，下有牂牁之长浦。浦上山田田上墅，荷锸来归日当午。曲枕右肱树左股，万事不理望膏雨。

潘　耒

三见

烈士行赠赵义庵　京口顾侍御见法，义庵力保其孤。[1]

宝刀削葵马守户，当今烈士贱如土。举头不识赵王孙，空向陈编吊婴杵。王孙二十逢乱离，才高胆盛无人知。江东顾荣目如电，一豹贱却千羊皮。玳簪珠履正杂沓，王孙落落无他奇。邛崃阪上高车覆，御史门前夜鸟哭。三千上客散如星，义故儿郎抱头伏。可怜端正骑羊子，鞭笞蹙蹋奚官裹。白锹三寸无人收，骨肉仓黄窜荆杞。王孙此时气拂云，赤手直入磨牙群。陈容甘共臧洪死，习脂不畏曹瞒瞋。精诚贯日智略矮，抱还孤儿如有神。潜藏抚护麟种存，丁宁莫遣家人闻。沈吟此事廿寒暑，中郎坟上蒿如柱。王孙落魄尚关河，失路骅骝老无主。昔年遇君清淮流，今春遇君燕市头。苦言奔驰不称意，一官束体如赘旒。苏台何意仍相值，短鬓尊前泪双滴。匏瓜在地根在天，黄杨一闰一回厄。吁嗟万事如惊波，卖友贩主何代无。褚渊封侯袁粲死，如君岂得辞轗轲。萧萧凉雨胥江暮，题诗别有伤神处。江头不见酒家佣，瀚海羝羊何日乳。

校记：

①京口顾侍御见法，义庵力保其孤：（清）潘耒《遂初堂集》（清康熙刻本）卷二为："义庵汴宋裔孙也，为人精悍勒敏，京口顾侍御重之。侍御以事见法，义庵独身入都，经纪其丧脱，两孤于厄，有古烈士风。余与侍御弟交旧，因识义庵。今秋重遇之金阊，悲其老大连蹇，而高节。罕有闻于人，遂为歌以叙之。"

宋荦

四见

石门望石将军用放翁风雨中望峡口诸山韵 汉渔阳太守张纯叛灵帝，遣中郎将孟滋车公孙纯往伐之，大破于石门，即此地也。

石门之山幽蓟雄，两崖对峙凌苍穹。石人屹立抚长剑，猛气凛烈横秋容。传闻汉代伐叛守，六师此地成奇功。其人已殁迹已泯，此石恒矗烟岚中。昔我经过叹灵异，桓桓之势来空蒙。重游忽复三纪后，形貌还与当年同。苔蚀兜鍪雨淋甲，山隅萧飒鸣悲风。

石盆峪龙潭歌用欧阳公晋祠韵

石匣镇南十里间，石盆之峪流潺潺。我来策马乱石路，两峰合处穷其源。微飔披拂瀑花落，玉潭如镜笼山烟。岸傍遗庙有短碣。南塘题句几（平声）百年（谓戚大将军），僧言神物此窟宅。恒从万丈惊盘旋，少陵小蛇诧为雨。灵异今又闻塞垣。坡陀跗坐面澄澈，嚣尘自讶凋朱颜。时方苦旱向龙祷，愿一欠伸滋枯田。轻绡瞥见曳潭底，云雷恍惚腾回川。拟歌迎神送神曲，岁时伏腊被管弦。言归骍路毂相击，那得耳听喷薄泉。黄昏野店聊竚立，风林纤月方娟娟。

李中素

再见

观唐玄宗皇帝磨厓碑歌

明皇中起清九垓，开元之世无尘埃。堂前旋见弃珠玉，梨园已报征琼瑰。优容藩镇得少暇，倚恃相国消嫌猜。欲将神武饰风雅，度支不费司农财。亲管入极恐不易，采风四出愁难该。张皇震叠苦无策，惟有封禅堪低徊。暗将意气喻张说，首倡大义相扶推。羽林十道尽虎贲，天闲百万皆龙媒。鸾旂兽铠越苍翠，花钗绣袷罗崔嵬。奇符异瑞人自献，金泥玉简天应开。毛仲称觞惠妃贺，宁王吹笛龟年陪。评成论败率远略，抚时追昔俱奇怀。因悲胜事易淹没，古人制作何其乖。黄虞虽圣太朴略，不解姓字悬穹厓。及乎秦汉亦草创，尺碑寸碣多沈埋。荣名能久要有故，良由人力工安排。遂梯层岚削空碧，更驱霜颖鞭松煤。章法推敲已谟诰，余音结构无纤俳。明珠一洒三千颗，尽道为民请命来。首称先德示庄敬，终侈强富长无灾。中云缵绪答文武，皇帝有事于郊禖。日维庚寅月仲冬，愿保慈俭俾和谐。悯兹黔首百神鉴，渺予一德群臣偕。天伦式好赋棠棣，列后助祭调盐梅。笔墨声光屯剑履，齿吻爽冽飞风雷。亲书八分尤秀劲，略带小篆兼秦灰。观其落腕必三折，眼底直欲卑徂来。端凭瘦硬变钟鼎，时参宕逸归古钗。临韩驾蔡衙波捺，磨沙勒铁驱椎锤。刀痕砉刻径寸入，不许百世沾青苔。干封大石真蕞尔，李斯手籀空高台。岂知杜首土木燥，乘舆还指青城隈。焚柴那救行在急，雨铃遂为君王回。惟存峭壁照日月，樵敲牧断山灵哀。纸摹烟榻充赠馈，泥填霜压生蒿莱。侈心由来爱覆辙，天宝未了祥符催。史迁奇文堪痛哭，相如绝笔安在哉。千秋俯仰聊一笑，不如海气浮金杯。碑前凭吊窃太息，自古致乱非无才。

天妃闸

甘罗城东天妃垒，斗绝黄河闸天水。水行入隘本易怒，更逢危石怒不已。雪吼回收九折波，雷奔啮断全淮沚。钓艇渔竿望不前，朝廷欲挽漕舟起。上舟纤挽惧不进，下舟纤挽惧不止。上舟用纤凡六十，纤各十人执其纪。左设木轮令船活，右悬石梁令船死。人身南撑足东注，自肩用力达于趾。一舟分力与千人，人分一舟与其指。钲喧水沸人复号，红旛百摇舟寸徙。由寸积尺等十寻，及入平波日移晷。下船用纤二十余，挽之使与波相支。安危倏忽险尤甚，左挈右攫争毫厘。拙工用篙违水意，颜色骄暴心矜持。但乘急浪不解避，旋涡西触还无期。巧工使篙如手足，神与水会依木宜。未经下闸先郑重，及当下闸从所之。经营艰苦不在险，安顿贵在平澜时。我来六月波尤逆，对面晴空生霹雳。湖海平生迈往心，临湍未免多悲惜。况当催急在漕舟，漕吏无钱不轻释。语尔漕舟速趋役，京师谷米不狼籍。

吴兆骞

字汉槎，江南吴江人，孝廉。

燕支山辞

燕支山色青崔嵬，翠盖雕轮夹道开。天畔银河公主第，边头金帐单于台。乌孙千马亲呈聘，鸾钗九女争来媵。旧匹由来缔贺兰，和亲讵是因娄敬。筑馆王庭奉义成，萎貀绿绶曜丹缨。自有威仪尊凤女，特分汤沐在龙城。蛩蛩毡幙开行殿，紫驼白豹穷欢宴。金笳激调劣吹箫，珠帽流光罢遮扇。从官新给羽林郎，挟弹鸣鞭绣毂傍。旌飘兰叶银平脱，马簇桃花锦裲裆。射生女骑何轻利，翠羽红妆映天地。窄袖雅青缀北珠，轻靴鸭绿装西罽。羌管胡琴昼夜喧，貂袍三袭不知温。自矜帝子金乡贵，不羡名王玉塞尊。名王旧是呼韩裔，尚主中朝称爱婿。好猎频征鸣镝儿，酣歌偏惜琵琶伎。琵琶小伎珊瑚脣，歌舞朝朝粉态新。祭马每陪青海月，射雕常从雪山云。可敦娇妒还猜忍，同昌那得犀𨯳忿。帐下才惊一骑来，杯中已见双蛾殒。短辕亍于恨驱牛，肠断狂夫泪莫收。自甘剺面哀红袖，不念同心叹白头。荆棘满怀相决绝，双垂玉箸沾襟血。龙种宁同葱薤捐，燕飞欲作东西别。妾意君情各自流，鸳鸯文彩掩衾裯。却分蕃部西楼去，别是秋风北渚愁。黄砂深碛连天色，可怜相望谁相忆。千里金河怨别离，经年银汉无消息。八月穹庐白雪高，玉花寒枕梦魂劳。贩珠无复求朱仲，绿帻宁闻待馆陶。海西沙门术何秘，白马迎来布金地。畏吾字译贝多经，龟兹乐奏莲花偈。灼烁禅灯着曙明，仙梵风飘夜夜声。黄鹄歌中思故国，青鸳塔畔懺他生。妆殿何心理残黛，空王皈礼应憔悴。已分猜嫌任狡童，谁怜调护劳诸妹。弱妹盈盈隔瀚源，黄灵千骑拥朱轩。判翼每嗟鸾凤侣，回肠偏系鹡鸰原。锦车银碛何迢递，姊妹相逢自衔涕。为叹姮娥奔月来，却教须女骖星至。相劝殷勤向玉真，莫将浊水怨清尘。苦辛应忆回心院，嫿婉须谐结发人。故人欢爱从今始，五色罗襦织连理。重画修蛾待粉侯，休吹别凤悲箫史。愿作流苏结不开，酡酥双劝合欢杯。五部大人齐入贺，万年公主竟归来。从此欢娱其相弃，上如青天下如地。入贡还修子婿恩，降嫔莫负先皇意。回忆先皇草昧年，旌旗北届阻柔然。欲将玉女倾城色，远靖金戈绝塞天。绝塞西来平若水，三朝屡订施衿礼。异锦蒲萄出帝家，名驹苜蓿通燕市。今上弥敦兄弟欢，迎归旌节遍长安。龙首贵宫申绮宴，螭头中禁并琱鞍。千秋天属恩宁歇，赐予年年下双阙。沁水园中歌吹尘，祁连山下氍毹月。氍毹宝幄映重重，贵主繁华乐未穷。莫道芳菲边塞少，春风弄玉在楼中。

海郎山灵湫神女歌　山顶有公主台旧址

海郎山色倚巉岩，山半灵湫映晓岚。公主旧台余翠岫，神女新祠傍绿潭。神女婵娟艳瑶彩，霏烟民月迷年载。怨入青蛾忆汉宫，魂依白鹤长辽海。含睇凝情不可亲，乘风飒飒如有人。虚无琼佩空山雨，杳渺鸾骖绝岛云。和亲当日悲登陇，遗恨千秋尘澒洞。宝镜何时别紫阁，玉衣无处寻青冢。松花柽叶小祠荒，穗帐无人春日长。雅翅发垂宫样髻，虎章腰结羽人妆。香粉长筵醉芳醑，巫女如花下灵语。踏雾时闻石马嘶，腾波自共冰姨舞。一曲迎神芦管愁，年年赛火海东头。望乡莫更歌黄鹄，红粉魂归塞雨秋。

李良年

再见

题赵千里画明皇幸蜀图

掩尘黄帕伤琵琶，延秋门上乌哑哑。侍臣趋朝漏未息，岂知辇道吹春沙。蛾眉绝影清渭水，太子始控飞龙骝。手挥红甘祀香魄，尚有生荔来天涯。三银船本少年事，臣倜进酒君王嗟。倚毫写此图者谁，伯驹好手今犹夸。山根潺湲碧无底，阁道诘屈梯穿霞。法仗细琐不暇整，从官触热倚乌纱。就中缓辔意态殊，三郎捉鞭非翠华。金盆皇孙不可认，疑是羽葆风回遮。宫人军装或雁次，或稍前却载以车。明驼夹道卧石罅，奚奴避日攀槎枒。长楸短鞚挂一发，高者螘附低旋蜗。此皆左髆印风字，尾侧赭汗流三花。不使蹴踏渔阳儿，首俯耳帖何为耶。峡耕无人峡田绿，悬流淙淙水满畬。薄云千里带村角，忽转细径疏篱斜。似闻子规响深壑，何有雪羽相笼簸。白头父老出不意，亲见万乘临山家。当年驰驿写嘉陵，化为飞烬随黄麻。蜀山嵌空说王宰，讵有真迹留涪巴。即今皴染渐剥落，松媒不复浓于雅。昔人画此意有托，眼明且爱烟峦赊。黔南开府擅珍赏，更束缥带缄红牙。

重游飞云岩歌

我从玉峡趋东坂，雨不滑道秋云昙。胜游指点在眉睫，呼僮夙戒须停骖。前年过此不成咏，揽袂欲陟先怀惭。石桥义手眩苍翠，朝阳为我开晴岚。始知山灵绝解事，似逢好友心能谙。守厓巨柏列四五，削铁上与青霄参。苔阶丝萦挂苍杪，风裳飒飒牵萧蓝。华阴仙掌古谁坼，飞来一片窈以覃。东西石势各狡狯，偃仰悦忽神灵含。或杖偶掷作龙子，或几而化如彪甝。弯环真讶一夫窄，破碎亦怯千人担。下窥阴洞不可到，松门左折通秋龛。倚阑却顾所穿壁，中镌跗坐衣垂篮。袈裟溜乳散花雨，椀螺束髻皴春蚕。香炉（峰名）如簪插镜背，二峰明灭相为三。其余烟霭亦环匝，郛莒琐屑难具探。眼前败意无俗物，兄复有弟资清谈。吾生忍负几两屐，尾酒莫惜三杯婪。（在乐天诗婪、蓝古通用）侧闻今人盛游赏，大河以北江之南。兹岩何为置荒僻，有奇不售宁所甘。酒阑泼墨写狂句，兴至且复从予耽。丹厓翠壁应笑客，那不此地栖茅庵。日斜携手下山去，更听钟鱼窥月潭。

梁佩兰

再见

送查韬荒归秀州

昔我甲辰在燕国，李生箧中把君作。长天吹风辟万丈，雪花如席风前落。相思即欲将尺书，黄河水冰无鲤鱼。美人亭亭矜颜色，杂佩左右锵璠玙。一十年来思未已，到处逢人说名字。鸳鸯湖上花满湖，终日垆头倚花醉。谁知君自驱车来，凌风直上越王台。珊瑚宫殿烛海底，天地倒影沧溟开。同时我友陈与屈，共君凭吊飞健笔。大珠小珠星月出，前古后今事非一。我犹远逐浮云驰，白草照面霜丝丝。狐裘蒙茸著不暖，北军笑指南方儿。行近长安望陵阙，朱邸黄旗闪宫月。白头宫监记往事，邂逅为我殷勤说。还家不觉已一年，去时冬日今秋天。银瓶汲井尽清冷，篱根野菊堆金钱。君来访我草堂上，慰我从前素怀想。相知无暇拘琐屑，细言促膝大抵掌。金蜃吐气如飞楼，巨鳌首象蓬莱邱。我欲携君坐于此，龙女酌酒欢相留。并向茫茫观所以，究取鸿蒙最初气。扶桑小草不足道，元化真宰有深理。君胡别我使我孤，以手画作吴江图。画一善脍长须奴，门前钓着四鳃鲈。呜呼！丈夫草泽无贵贱，一线乾坤眼前见。霸气徒悬黄葛丝，离支不续红云宴。君岂必为于越人，我岂必居南海滨，君不见地上行麒麟。

顾图河

字书宣，江南江都人。著有《雄雉斋集》。

断砚歌为姜西溟先辈赋砚为家梁汾舍人击碎

姜侯砚小才如掌，玉腻金清世无两。逾糜发采宣毫爽，酒半传观各夸赏。舍人怒起夺之急，嫚骂何堪一钱直。奋揕不顾拳皮拆，满座失声留不得。物之成毁有由然，舍人辩口方便便。君不见姜侯醉作草圣狂而颠，怒猊跁踦龙蜿蜒。又不见姜侯著书凡几千，抵突彪固追谈迁。脱手便有风雷缠，庙堂颇复急此贤。诸公百僚压其巅①，禄米不救饥窘煎。看人富贵摩青天，焉用此石空钻研。羁穷白首默自怜。呜呼！胡琴摔破不复弦，唾壶口缺那更全。姜侯乃煎麟角凤觜之胶重缀联，玉蜍吐水调松烟。摩挲自谓石可田，石乡可游吾老焉。

校记：

①诸□百僚压其巅：据（清）顾图河《雄雉斋选集》（清康熙刻本）补录为“诸公百僚压其巅”。

钱柏龄

再见

同宋牧仲使君舟过彭蠡望匡庐

惟敷浅原见禹贡，千秋嘉遁游三孙。蔚然灵秀甲天下，职方群岳难称尊。夙从图史艳名胜，望见未得摇精魂。春帆适过彭蠡渚，积翠忽共洪涛奔。侧身仰望不可极，横压地轴排天门。是日日霁湖气净，白云敛尽无纤痕。垆峰剑峰总霄汉，其下列阜如鸱蹲。玉龙隐见挂千尺，金波欲上白日昏。虎溪鹿洞发幽想，恍涉瑶海瞻昆仑。斯时夜色澹天宇，舵楼缥缈开层轩。酌酒试揖五老饮，飘然逸兴谁堪论。吁嗟匡君竟何许，芙蓉自碧明星繁。狂吟欲就风乍起，篷窗卧听惊涛翻。

博尔都

再见

古 意

皎皎当窗月，夜夜心生苦。只向长廊照歌舞，不向空房怜缟素。空房有女玉为质，薄幸经年杳音息。碪残双杵声凄凄，花谢东风少颜色。芙蓉绣冷双鸳鸯，谁言七十二成行。

徐 釚

字电发，江南吴江人，官检讨。

送方尔止还金陵

尔从霅溪来，片帆不肯住。乘风夜过洞庭西，瑟瑟芦花满寒渚。渚清沙白今送君，朔风旅雁高入云。官司捉船船户避，津吏前头不敢行。问君归思一何切，笑指征衣绨百结。旅馆朝来花正繁，客愁今日柳堪折。双桨随君载君去，莫忘江城别离处。遥指金陵宫阙旁，蒋山夜火乌栖树。

潘 高

三见

耕牛词

尔家耕牛耕几亩，梅子黄时苦复苦。儿背圆笠唱歌来，却系门前老棠树。忆自去岁买牛归，举家安稳无是非。年年烧纸牛栏下，日日牵归屋角西。牛背有疮鸟勿啄，牛听我言牛低角。

赛神曲

妇女剪纸男击鼓，男妇平安神作主。夜来巫觋醉谁家，小儿自送神前花。齐齐拜跪堂前树，树旁小姊弹琵琶。琵琶数声旋起舞，神欲来号无处所。新妇作家近如何，牛羊今比去年多，神之来兮朱颜酡。

贩茶行

东崦人家西崦虎，日黄家家闭门户。昨夜食犬破山篱，数日不上茶山去。四月初头正栋花，有人过山来买茶。行人居人各举手，山中借问平安否。山外谷贱茶价平，贩茶且过扬州城。

冯廷櫆

三见

铁犀行

武都怒特西入水，空舲黄牛蹑空起。逆潮蹴踏沔江滨，夜吼霜天犹掉尾。惊涛下撼鼋鼍宫，腥风促浪打沙嘴。群鱼跳波鲛人避，一见凛凛辄垂涕。乖龙贪势不受降，鳞间出火光射地。老牛斗酣两角折，兀然不动化为铁。风剥雨蚀三千年，垂胡犹带战时血。即今江水白于银，潮平岸稳沙无痕。渔舠一叶飞夏口，龙骧千斛奔荆门。篙工舵师坐收益，岂知铁犀与有力。事往功成那可说，倒卧寒江千尺雪。

顾景星

三见

洞庭龙女歌

泾川小妹洞庭女，暮牧乖龙夜行雨。驾迎归鱼媵愁，海天春风浩无主。犀钗割水蚍珠滑，彩衣帝锡琅璈八。星机缃雾虙妃裙，鲛匹凌波雒神。银汉通光月漉漉，桂华倒映鼍鳞屋。洗妆浴日瀛浪红，起扫空青两蛾绿。饵郎灵药十千年，榆旁植柳姓在天。七条絙水弹哀弦，九州平地移寒烟。

竹下偶次李宾之题丁御史墨竹韵走笔成

窥园鹿竹来寿昌，听雷一亭当中央。西边落日影不薄，联缘南涧连东冈。吾庐卜筑已十世，不数洋谷名筼簹。旁邻不插麻秸界，近道仍盖茅茨墙。早春萝蝇动千个，儿把苿苇臿翁篮匡。微霆铃铃搜地脉，一夜箬苞箣过人强。枝枝剑拔高出母，不省去岁如今长。幅巾六月扫石坐，冷飙仿佛天雨霜。层冰赤脚何足羡，少陵大叫胡其狂。绿烟满眼露滴沥，赤日不怕宜壶觞。渊府江妃动灵瑟，星官真人湿羽裳。颇疑柝月处西极，摇落帝台甘醴凉。横崖猛雨碎珠雹，浏泉走隙鸣宫商。或时风𧇊避彪骋，有若健陈冲荒疆。天寒夜黑山鬼泣，缺月正出当星张。奔妻视药枯桂旁，老龣上拂琼琚锵。罡风倒揭豹尾立，蛇颈枭娜千凤皇。前山鸟鹊歘惊叫，似欲银汉搘杠梁。争飞野鸭响江滏，仄翅旅雁疑潇湘。碟砢邛种号扶老，实中笆类名盘肠。百年生理肯龌龊，一竿真去归沧浪。画工苦思获一二，片纸直欲兼金偿。彭城墨本且珍惜，况有万个青琳琅。前者王孟端继以，夏太常二公遗迹。予昔藏五丁，操火宝绘堂，安能缇袭百炼刚。即今屏迹少六逸，对君青眼睛飞扬。此君世外果奇绝，更令天壤思王郎。当时素粲定俗物，吾庐未可施痴床。（黄公先世本吾昆山人，所著《白茅堂诗》凡三十卷）

对酒当歌行

劝君莫忆少年事，对酒当歌莫憔悴。老忆少年哀转多，当歌对酒可奈何。我初二十发垂踝，长啸每效孙公和。绿丝剃去十存一，一绺二毛鬅尾拕。十年踪迹厌萍梗，世事反复寻干戈。穷搜万卷鼹饮腹，荏苒岁月江奔波。哀吟讵有子荆句，敲䃜勉赓蒙叟歌。素琴倚壁蛸螺篆，遗挂上有蜘蛛窠。交游开箧泪沾臆，低高宿草霜垂科。曲眉一笑曼卿去，吐舌三叠文同过。春风发妍花满柯，有鸺双雉闻山阿。朱颜欲改波斯匿，流水故是恒沙河。夜来猛雨何滂沱，飞华乱点庭前莎。呼儿酌酒斟红螺，我今诗成儿试歌。当歌对酒愁奈何，老忆少年悲转多。

题内府所藏南唐百马卷子

开元厩马四十万，天宝从龙最谁健。夜偃火鼓延秋门，画争豆茎咸阳店。万里桥头百存一，骑去东宫还几匹。当时刍秣尽凡才，急难何曾见腾逸。此图蒲稍仅百马，毋乃乐坊教成者。细看不是临陈姿，可惜登床汗流赭。黄衫奚官三五人，镂花玉带绣抹巾。羁前宝络坠金铎，覆以罗帕承锦茵。可怜贼破西京后，此马全为承嗣有。鼓声应节反见妖，血碎桃花死犹吼。图藏内府已千年，相传画手南唐前。画师有意惜奇骏，不遣驱驰供舞筵。君看老骥还遭放，尽有骅骝气凋丧。苜蓿难逢大宛种，芃蓉屡湿边庭瘴。俶傥何须四百蹄，壮观争多真画师。转思駃騠不世出，天子独乘何所之。

初夏竹坞看内子烹阳羡茶和子瞻韵

乌笋已成班笋生，紫椹半落黄鹂鸣。雨前手试雀舌嫩，云脚照鬓雅雏轻。山杯石磴列一二，谢家风味林下意。阳羡焙手梁溪煎，建安黑盌兰溪泉。不知何者学西蜀，更夸定甆红琢玉。汉文园令渴胜饥，远山真对文君眉。柴扉不启啄木叩，竹鸡飞过提壶随。酒能消渴茗亦醉，松风欲定雨生时。

孔尚任

号东塘，山东曲阜人。著有《岸堂稿》。

大海潮小吟蝉两琵琶歌

乔木世臣事已草，零书破琴存故国。每从旧物重摩挲，必讯此物从何得。庙市曾出两琵琶，制作不同俱精极。其一龟锦裹周身，剪犀镂牙如缕织。背上双钮蹲双螭，盈尺曲柄玳瑁饬。

云楸面于波涛生，三十六峰尤奇特。横挟不起斜按难，满轮明月遮胸臆。其一瘦削美人肩，螳螂匙题蜻蜓翼。水波回文到四边，碎斗檀槽百衲式。异宝妆成两树花，牡丹秋菊真气逼。不似螺钿非砗磲，剔珠填漆无此色。次第传观反复夸，旁立老伶不能默。前朝琵琶属教坊，玉熙宫里数承直。方响前头琵琶随，一派韶音扬舜德。其时宇内已烟尘，无人说向先皇侧。先皇顾曲爱繁弦，搜出此器示乐职。大者名为大海潮，南宋流传今到北。四弦弹动殿廷摇，却似指甲有气力。小者斫从万历初，内府金钱费千亿。年年风露催白头，才人袖底响唧唧。听来恰似秋蝉吟，针锋细字将名刻。大声洪亮小声清，雄鸣雌和无差忒。龙锦囊中只两张，旧时中侍眼皆识。可惜沦落在市尘，四十八年尘渍黑。折轴断品难安排，玉带银拨乍拂拭。有腹无弦意悄然，令人抱著发太息。造者前土毁者谁，甲申三月遭流贼。

蒋景祁

再见

磨厓三绝碑

祁阳之南湘水波，澄涵万顷垂银河。滩飞石努势迅激，泥淤涤尽形嵯峨。次山遗爱道州遍，浯溪晚筑留鸣珂。宅倚清湘枕云水，仰看厓石青苍摩。五丁勇力怯欲尽，巨灵平劈无长柯。天生神物会有用，不受斧斫堪礲磨。马嵬灵武事惊创，草昧天造人谁何。李郭大勋炳云汉，神仙宰相归岩阿。使君郎吏老文学，扶植纲纪登声歌。勒镌金石并天地，微文刺讥诛么么。鲁国颜公大忠烈，漫郎宅畔曾相过。拜手鸿文请垂碣，竦身振笔书擘窠。回旋侧勒撼金铁，稀微波磔撑矛戈。我从湘源达湘口，放舟东流日初西。维止摩挲诵刻文，飞厓插天字盈斗。沧桑变易无穷期，崒嵂丰碑自长久。

题丁勖庵秋江独钓图即送勖庵往游衡山

石头城边满烟树，江流渺渺从东注。随波系艇春复秋，知是西泠钓翁住。钓翁绿箬青蓑衣，江空天远行人稀。清风浩月长相待，浅水芦花独自归。生绡活泼写天趣，指点烟波此中去。鼓楫从他汗漫游，收竿伴尔凫鸥聚。洪涛轰轰白似银，爱看眼底无风尘。云梦之际鄂渚滨，洞庭暖溢潇湘春。衡山九面纷叠陈，微茫河汉通星辰。语翁早趁桃花冰，何似秋江捩柁人。

观趵突泉歌

济南山郡水所区，弥迤漫衍洪波潴。北角渟潆大明湖，奇泉趵突西南隅。方塘涌出三玉壶，气挟风雨来苏苏。喷薄洒作千明珠，一眼迅激两眼徐。更迭似有精灵俱，大声力助千人呼。猛势直欲高浮屠，掬取可洗老眼枯。竹炉瓦铫供茶奴，上有纯阳真人居。对此变幻看须臾，担头不用挑葫芦。翠华行幸天颜舒，淋漓御墨镵龙书。从臣交口赞不如，绝境应待皇灵扶。湖亭暑气六月无，流觞曲水宾僚娱。青丝皂盖倾城都，风流杜李今则孤，兹泉信美谁与徒。

再观趵突泉歌

趵突泉势真奇尤，体物赋象难寻求。泺澜名义征春秋，分菏别济谁穷搜。我疑济性最疾遒，壅遏不得裂地浮。又疑海水载地舟，巨鳌塌损飞轻沤。火敦脑儿迷两眸，摆落星宿来东陬。细点散注波面鲰，雪山中涌风雷纠。目眦突视瞬不收，恍聚百怪神灵愁。咋舌仰看天上头，余霞绮散云光流。太虚万象同一邱，蟾蜍东出纤阿游。山光隐现入半楼，弄珠之神虚无留。江斐海妾骖银虬，金支翠旗隐幕篝。夜深彷佛闻清讴，倚眠枕簟临龙湫，酣然身世吾庄周。

余 怀

再见

苕溪四时艳歌

兰苕发春香喷玉，风篁拔地敲新竹。雪水分流合四溪，浅草茸茸遍山谷。文舠拥酒看桃花，绿叶青青是妾家。屋里镜奁藏小凤，门前杨柳散啼雅。

锦旗雾暖遮团扇，腻蕊蟠花覆冰簟。燕语雕梁剪绿云，莺啼别院摇红线。鳊如车轮笋如斗，夹山钱山浪西吼。柳恽逍遥杜牧狂，项王马埒飞剑光。

我有玲珑秋玉珮，赠君箧中三尺水。桂华烂漫湘娥愁，飞入吴潭打蛟起。烟梧露井隔银塘，美人弹筝坐曲房。倒转天河写明镜，碧湖射落青天影。

冷光融融碎银浦，龙堆积雪斗哮虎。一郡荆榛啼午鸡，小槽滴沥倾云母。金炉煨芋墨花寒，插貂披裘迎彩鸾。千峰万峰半夜白，赋成枯树归未得。

洪 昇

四见

金镮曲为项家妇作

王家有女字秀文，少小绰约兰蕙芬。项郎名族学诗礼，金镮为聘结昏姻。十余年来人事变，富儿那必归贫贱。一朝别字豪贵家，三日悲啼泪如霰。手摘金镮自吞食，将死未死救不得。柔肠九曲断还续，卧地祇存微气息。讵料国工赐灵药，吐出金镮定魂魄。至性由来动彼苍，一夜银河驾乌鹊。嗟哉此女贞且贤，项郎对之悲复怜。朝来笑倚镜台立，代系金镮云鬓边。

周在浚

再见

山栖长句行为梅耦长作

海内几人为长句，前有吴公后陈髯。（梅村、其年）我翁当时笔力健，洋洋洒洒格法严。征裘乞酒讶奇绝，一时脱手人争传。合肥尚书老词伯，谓无此调几百年。屈指当代作者谁，琅邪兄弟为精研。（西樵、阮亭）八家七子各树帜，长篇累牍如金荃。后来之彦推汪五，蛟门句无烟火真。神仙布衣遗民半老死，杜叟声调能娟娟于皇。此外擅长各自负，惟于歌行难比肩。上下今古二十载，茫无津岸如狂颠。意中久识梅子好，国雅曾读孤儿篇。宛陵咫尺隔烟水，终当把袂相周旋。癸丑七月月上弦，扬舲夜发休缠绵。孤城到眼足已先，双虹欲渡犹蹁跹。陵阳名士真翩翩，就中果尔梅子贤。书画文章事事兼，一时将去为不廉。山栖一卷日留连，独存大雅薄新尖。元白伤俚义山纤，少陵滴派惟子然。吾曹从此口须箝，安能附子为鹣鳒。敬亭秋霁生晚烟，响山月好期放船。凄风忽动愁病添，羁人潦倒夜不眠。欲去不去心悬悬，朗读子诗胜药砭，聊复为子须臾焉。

曾　灿

再见

越溪舟中

萧山县里一舟渡，衰草寒城天欲暮。为语篙师且忍饥，我欲黄昏望翠微。十年心爱山阴道，灭烛看山识山好。川桥竹路有几湾，夜静无人独往还。

无名氏

晓寒歌

十二尧关隐宫绿，兽猊喷酒椒壁馥。渴乌涓涓不相续，辘轳欲转霏红玉。百刻香残陨莲烛，五龙吐水漫寒浆。红绡佩鱼无左珰，两两悬足瞻扶桑。红蘋半瓣出波面，回首觚稜九霞绚。鸣鞘远从天上来，大剑高冠满前殿。

卷　九

七言律诗

王　铎

字觉斯，河南孟津人，官尚书职太保，谥文安。著有《拟山国集》。

近望牛头寺

汉西郊野望牛头，衮衮寒云万顷流。钟磬不关兴败事，藤萝犹挂古今秋。人从山气低秦岫，水带军声别阆州。割据雄图忧后日，夕阳无语下寒邱。

夏日宴新乐小侯二首

宝玦相逢沟水头，长衢交语路悠悠。西京甲观论新乐，南国丁年说故侯。春燕归来非大夏，夜乌啼处似延秋。曾闻天乐黎园里，忍听吴愉不泪流。

软脚筵开乐句和，濯龙吐风客骈罗。虽无法部仙音曲，也胜阴山勅勒歌。丝管凝风腰鼓急，缸花荡影舞衫多。老夫苦忆平生事，肠断西游赵李过。

读梅村艳诗有感四首

上林珠树集啼乌，阿阁斜阳下碧梧。博局不成输白帝，聘钱无藉贳黄姑。投壶玉女知天笑，窃药姮娥为月孤。凄断禁垣芳草地，滴残清泪到蘼芜。

灵璅森沈宫扇回，属车历碌殷轻雷。江长海关欺鱼素，地老天荒信鸩媒。袖上唾看成绀碧，怀中泣忍化琼瑰。可怜银烛风前泪，留取胡僧认劫灰。

挝鼓吹箫罢后庭，书帷别殿冷流萤。营衣蛱蝶晨风举，昼帐梅花夜月停。衔壁金釭怜旖旎，翻阶红药笑娉婷。水天闲话天家事，传与人间总泪零。

银汉依然戒玉清，竹宫香烬露盘倾。石碑衔口谁能语，棋局中心自不平。禊日更衣成故事，秋风纨扇忆前生。寒窗拥趼悲啼夜，暮雨残灯识此情。

丁继之七十

曲踊横奔敌少年，金丸玉勒万人前。淳于正合倾三斗，程尉何曾值一钱。片语拂衣还自笑，千金掷帽不知怜。老来侠骨偏腾上，不作顽仙作剑仙。

云间九日作

黄浦横流绝大荒，迎檐依约指扶桑。销沉鲛室余穷发，磨灭龙宫向夕阳。故国屡经沧海变，吾家犹说射潮强。登临莫漫夸能赋，四海空知两鬓霜。

霞城丈置酒同鲁山夜集醉后作

沧江秋老夜何其，促席行杯但憩迟。丧乱天涯红粉在，友朋心事白头知。朔风凄紧吹歌扉，参井微茫拂酒旗。今日且谋千日醉，西园明月与君期。

方拱干

号坦庵，江南桐城人，官学士。

广　宁

医巫闾是望中山，指点残黎疑信间。北镇神谁凭享殿，南冠人尚恋榆关。光熹往事伤心久，刘杜征魂带血还。惭愧高冈祠李靖，纪功碑断藓花斑。

姜　垓

字如须，山东华阳人，前官主事。

黄门兄被罪南窜会贼梗至河上纪事

掖垣初疏忤平津，四郡兵中谏草频。属意安危扶折槛，暂时消长待批鳞。楚亡白璧疑门下，汉起黄巾赦党人。投匿容留方恨晚，无家更苦玉关尘。

张文光

三见

饮泗州谯楼

回合山光入望虚，淹留杯酒意何如。云深古木藏金刹，雨过诸陵冷玉鱼。楚国久传烽火地，汉家谁上治安书。可怜河畔青青草，白露西风鸿雁呼。

雨后望天寿诸陵

海气连宵促雨频，苍茫远树黯平津。何来牧竖惊孤鸟，不尽云霞照旅人。古寺深山藏玦佩，秋风落日卧麒麟。凭阑万里聊回首，效国中原倍怆神。

陈子龙

再见

重游弇园

放艇春寒岛屿深，弇山花木正萧森。左徒旧宅犹兰圃，中散荒园尚竹林。十二敦盘谁狎主，三千宾客半知音。风流摇落无人继，独立苍茫异代心。

酬李司马萍槎先生

久瞻枢府重明光，投我连城云锦章。伤乱已闻刘太尉，赏音深愧蔡中郎。九龙移帐春无草，万马窥边夜有霜。早晚沧江惊驿使，诏书先问右贤王。（阮亭曰："卧子此等果是作家"）

于忠肃祠

紫盖烽烟竟不旋，手持大计靖江天。北门虎卧回銮日，南内龙飞赐剑年。山外怒涛归碧海，冢边荒草像祈连。上皇犹想风云际，曹石功名倍黯然。

钱塘东望有感

清溪东下大江回，立马层崖极望哀。晓日四明霞气重，春潮三浙浪云开。禹陵风雨思王会，越国山川出霸才。依旧谢公携妓处，红泉碧树待人来。

登岱二首

悬崖绝磴问真源，珠馆琼台祀上元。霞散蓬莱摇日观，风连阊阖启天门。练光欲接银河影，金液常寒玉女盆。七十二君皆寂莫，不知何处拜轩辕。

千盘直上气漫漫，凌竞高凉振羽翰。碧海未回秦帝使，白云更起武皇坛。星辰夜逼金泥动，风雨朝惊玉辇寒。司马莫夸工作赋，汉家无事整和鸾。

阎尔梅

号古古，江南沛县人，前孝廉。

蜀中杂诗二首

江干琴史购零星，金石敲残指血青。罗汉松遮花里路，美人蕉错雨中棂。缫丝锦户迎蚕虎，过峡宾船祭鳖灵。题罢雪樵行乐卷，可怜游宦亦漂零。

仲冬天气似花朝，岩壑蒙茸翠未彫。半截云藏峰顶塔，两来船断雨中桥。渔村乌柳围金橘，僧阁香楠荫铁蕉。地接蕃骓人习苦，荒山红叶女郎樵。

周亮工

字元亮，河南祥符人，官侍郎。著有《赖古堂集》。

东武怀古

更遣云门客度潍，扶淇东下尽荒陂。秋风野水韩王坝，落日高台李相碑。石址空鞭山鬼骨，桑田乱垦海龙皮。当餐颇忆如瓜枣，幻眇仙人不可期。

江行杂感二首

逐客江干夜寂寥，无端铁笛起中宵。深秋梁苑新沙碛，明月清溪旧板桥。万里梦回千嶂雨，一帆风动五更潮。草堂空有农书在，桑柘如今尽已彫。

畏使炎方卑湿侵，危樯可奈雨淋淋。江边见塔知城近，郡里看山觉寺深。老树冲波迷故道，疏钟引客度遥岑。囊书再借龙溪棹，断岸孤舟夜夜心。

赵进美

再见

金　陵

晓日浮云黯欲收，漫目天阙表牛头。空洲苔没千寻锁，画㔩莲生百尺楼。花外悲笳来朔气，水边寒路入西州。青溪小艇催双桨，不信经过有莫愁。

太原作

漠漠寒沙映戍楼，乱余烽火未全收。天清句注连云起，木落汾河抱郭流。白草昼明吹角晚，黄榆风冷射雕秋。亦知万里轻行役，岁暮旌旗发旅愁。

冬日集梁园水堂

千门初月动笳声，秉烛虚堂夜气清。大漠风云乘塞入，危檐星斗落尊明。交情四海谁悬榻，天意中原未厌兵。亦有一邱堪自老，故园东去虎纵横。

吴伟业

六见

同许九日顾伊人洞庭山馆听雨

晓阁登临意渺然，芦花萧瑟五湖天。云深古洞藏书卷，木落空山奏管弦。鱼市有租堪载酒，橘官无俸且高眠。莫愁一夜西窗雨，笠泽烟波好放船。

与友人谭遗事

曾待骊山清道尘，六师讲武小平津。云旄大纛星辰动，天策中权虎豹陈。一自羽书飞紫塞，长教钲鼓恨黄巾。孤臣流涕青门外，徒使田横客笑人。

谒范少伯祠

舣棹沧江学钓鱼，五湖何必计然书。山川禹穴思文种，烽火苏台吊伍胥。浪掷红颜终是恨，拜辞乌喙待何如。却嗟爱子犹难免，霸越平吴事总虚。

友人斋说饼

舍北溪南树影斜，主人留客醉黄花。水溲非用淘槐叶，蜜饵宁关煮蕨芽。阁老膏环常对酒，征君寒具好煮茶。食经二事皆堪注，休说公羊卖饼家。

过朱买臣墓

翁子穷经自不贫，会稽连守拜为真。是非难免三长史，富贵徒夸一妇人。小吏张汤看踞傲，故交庄助叹沈沦。行年五十功名晚，何似空山长负薪。

钟　山

王气销沈石子冈，放鹰调马蒋陵旁。金棺移塔思原庙，玉匣藏衣记奉常。杨柳重栽驰道改，樱桃莫荐寝园荒。圣公没后无坏土，姑孰江声空夕阳。

功臣庙

画壁精灵间气豪，鄂公羽箭卫公刀。丹青赐额丰碑壮，棨戟传家甲第高。鹿走三山争楚汉，鸡鸣十庙失萧曹。英雄转战当年事，采石悲风起怒涛。

将至京师寄当事诸老二首

柴门秋色草萧萧，幕府惊传折简招。敢向烟霞坚笑傲，却贪耕凿久逍遥。杨彪病后称遗老，周党归来话圣朝。自是玺书修盛举，此身只合伴渔樵。

平生踪迹尽由天，世事浮名总弃捐。不召岂能逃圣代，无官敢即傲高眠。匹夫志在何难夺，君相思深自见怜。记送铁崖诗句好，白衣宣至白衣还。

梁清标

字玉立，直隶真定人，官大学士。著有《棠村集》。

夏日漫书和家少宰

官闲清昼簿书稀，无语开轩坐落晖。征税东南连岁急，烽烟岭海几人归。采真久负三山约，闭户从知万事非。遥忆西畴新雨足，韩河月冷旧渔儿。

送田孝廉

阴阴津树孝廉船，愁拥诗囊落照前。久识谢庄当独步，谁怜越石让先鞭。人归烟雨江南棹，客散风云蓟北天。行矣著书三泖曲，汉廷终诵子虚篇。

宋　琬

三见

登西岳庙万寿阁

崔嵬杰阁玉为寮，白帝离宫倚绛霄。槛外河山三辅小，岩前觞豆百灵朝。明星环佩云来湿，仙掌芙蓉雨欲摇。会御长风凌绝巘，青鸾背上夜吹箫。

云台观

三峰峰下羽人居，夹道青松覆碧渠。金牓科文程邈篆，玉函龙气老聃书。荷锄种药他年事，倚杖穿云此地初。柏子一餐身力健，芙蓉苍翠湿衣裾。

华岳二首

独上钩梯览大荒，秦关终古气苍苍。天开阊阖才寻尺，地界雍梁入渺茫。五粒松摇群帝珮，二浆露浥百神觞。仙人方罫青冥上，更欲凌风度石梁。（阮亭曰："雍字仄微拗，然通篇自是高调"）

松风谡谡步虚声，杖策高寻卫叔卿。星近祠坛光欲堕，月临仙掌夜偏明。扶桑万里天鸡曙，箭括三更石马鸣。谁信扬雄擅词赋，不将彩笔记层城。

杨思圣

字犹龙，直隶巨鹿人，官学士。

惜 梅

粉褪梅心带泪痕，支离谁解护花魂。烟沈湘浦香生梦，月暗罗浮影到门。画阁有情愁岁暮，绿窗无语怨黄昏。何人一夜吹长笛，零落江南雪满村。

宋征舆

字直方，江南华亭人，官副都御史。

古 意

碧玉堂西红粉楼，楼中思妇忆凉州。何当鸳枕三年梦，散作龙城万里愁。秦地烟花明月夜，胡天沙草白云秋。离魂不识金微路，愿逐交河水北流。

蒋　超

字虎臣，江南金坛人，官修撰。

玉河冰泮馆试

春融太液起重阴，戛石声轻响绿浔。层掷鲛梭珠有泪，细挑鸲眼玉为针。源深渐彻蓬莱月，风静微闻霹雳琴。鹓鹭只今多气泽，碧波清漾是臣心。

施闰章

四见

溪　馆

几日东风万叶齐，独寻孤馆就双溪。藤花小落过松鼠，林雨初收叫竹鸡。句曲水通茶灶外，敬亭山见石阑西。残编列架生涯足，余兴还锄种药畦。

愚楼夜送吴敷公同年

江畔离尊落照残，山楼直作画船看。青枫露湿秋河近，菡萏风疏夜气寒。同籍客多成短发，十年书不到长安。后期握手知何处，酒罢婆娑更倚阑。

彭而述

字子籛，河南邓州人，官布政使。

再登黄鹤楼

飞楼缥缈著江干，霜鬓登临记往年。隔岸春城来槛外，乱帆斜曰到尊前。山连秦蜀开荆甸，水下东南尽楚天。回首沧桑生感慨，孙刘兴废几茫然。

初到滇池

剑南风物值初秋，万里炎荒据上游。水下兰沧通大夏，山连葱岭接姚州。汉威远播姑缯塞，王爵新分畇町侯。况是白狼新作颂，铜标应过海西头。

寄衡州胡观察

云南气侯古来偏，靡莫山河僰爨田。战垒荒城蒙段外，华风边月汉唐年。虎关旧抱巴黔险，蛇径绕通楚粤天。万里怀人秋月下，衡阳可有雁书传。

滇中别袁九叙中丞

碧鸡山下听鸣驺，节使今看过益州。路尽朱垠天北户，国通身毒水西流。建元战伐番阳令，大夏动名博望侯。闻说东南金粟困，好凭瓯脱上边楼。

新宁竹亭王明府招饮

长千曲折一亭幽，乍歇征轮载酒游。自笑频年常负弩，那知垂老未封侯。松门积雨青苔壮，石壁盘涡白鹭浮。极目关山南楚尽，渐看百粤入交州。

别滇中僚友之官粤西

二月春风天地宽，诏书昨夜下长安。宦游不谓边城苦，远别其如知已难。孝武石鲸昆水动，日南铜柱海光寒[1]。鹧鸪亭子梅花驿，万里征人马上看。（愚山曰：“昆明池有石鲸，乃在长安，此可借用邪”）

校记：

①日南铜柱□光寒：据（清）彭而述《读史亭诗文集》（清康熙四十八年彭始搏刻本）卷十三补录为“日南铜柱海光寒”。

汤　斌

号荆岘，河南睢州人，官巡抚。

赠吴湖州

仙郎起草最知名，几载搴帷雪上行。按部雨余香稻晚，课农花发晓云轻。南宫书画添新谱，李相亭台续旧盟。闻道宾朋常满座，清尊真见古人情。（荆岘先生风以风雅振世，及其抚吴时，政绩卓卓可传，吴人特祀之。千学官家检讨首录此诗，知不以文章重先生也。从子枋晨读恭记）

赵　宾

宁锦帆，河南阳武人，孝廉。

涿　州

涿鹿烟云接帝庭，朔风吹雨午冥冥。百年乔木霜皮古，十里沙场夜雾腥。泽水高连天北极，名王猎臂海东青。他乡最易添愁思，隔岸钟声度远汀。

王　庭

再见

临洺道中

征衣薄尽晓寒增，十日东风暖未能。茅屋人家千亩雪，板桥行迹一溪冰。春迷旅舍来仙枕，画静禅扉出佛灯。旷望不须频策马，关门高处客堪凭。

季开生

字天中，江南秦兴人，官给事。

尚阳堡即事二首

振臂随呼耕战场，野人苜蓿隔溪香。探梅旧约虚云梦，采蕨新歌遍夜郎。回首中原今牧马，惊心要北昔亡羊。无栖乌鹊知多少，啼向长城似望乡。

五云长绕旧皇畿，万里孤城寄翠微。极塞有山多北向，重边无水不西归。鸡鸣梦讶朝参晚，乌哺心伤进膳迟。宁惜茕茕沙碛影，难随双雁又关飞。

王广心

字伊人，江南华亭人，官御史。

春寒

江村风雨作春寒，老去羊衷昼倚阑。新绿市桥杨叶短，乱红山寺杏花残。双禽坐湿争庭树，一艇冲波卷钓竿。独有邻翁喧社酒，高歌忘著鹿皮冠。

程可则

四见

登南安东山寺

日日登楼望翠微，扪萝今始到山扉。白云引径鹤孤往，碧水当门花乱飞。草长不迷樵子路，树高犹挂老僧衣。迟回向晚疏钟起，月出西峰尚未归。

送魏子存之成都

谁说蚕丛不易行，春风三月马蹄轻。铜梁旧枕秦山险，玉垒新连楚塞平。芳草绿齐过汉口，杜鹃红尽到绵城。知君箧底多词赋，谕蜀文应似长卿。

谢良琦

字仲韩，广西全州人。

送同年张蹇庵还山

廿载都成汗漫游，天涯何处共登楼。闲关风雨苏乡老，故国松楸望帝愁。白首得归茅屋在，黄冠无恙野花秋。他时迟我盘山下，万顷沧溟一钓舟。

王士祜

字叔子，山东新城人，进士。

同舍弟贻上和李侍郎读水经注忆洞庭之作

相思何处折芳馨，望断黄陵旧日亭。(《水经注》：湘水又北迳黄陵亭西）秋水依稀闻落叶，楚天仿佛见扬灵。洲边子戍三春绿，楼外君山一带青。太息云中君在否，不堪重问道元经。

阁上坐雨望敬亭

楼外青山碧四围，荡胸云气欲沾衣。愁中碧草侵阶长，望里春禽接翼归。闲倚枯藤清兴极，漫倾浊酒赏心违。苍松翠筿空如画，怊怅烟岚屐齿稀。

王士禛

五见

汉中府

路绕褒斜梦故园，今朝风物似中原。平芜蹀躞连钱马，近郭参差橘柚村。万叠云峰趋广汉，千帆秋水下襄樊。只愁明日金牛路，回首兴元落照昏。

三登高望楼作

风流曾说荔支楼，阑槛高明压四州。峨顶晚霞寒白雪，江心残照出乌尤。云烟早暮还殊态，枫柏丹黄只似秋。自笑心情无赖甚，清晨临眺不梳头。

晓度平羌江上凌云绝顶

真作凌云载酒游，汉嘉奇绝冠西州。九峰向日吟江叶，三水通潮抱郡楼。山自涪翁亭畔好，泉从古佛髻中流。东坡老去方思蜀，不愿人间万户侯。

晚登夔府东城楼望八阵图

永安宫殿莽榛芜，炎汉存亡六尺孤。城上风云犹护蜀，江间波浪失吞吴。鱼龙夜偃三巴路，蛇鸟秋悬八阵图。搔首桓公凭吊处，猿声落日满夔巫。

登白帝城

赤甲白盐相向生，丹青绝壁斗峥嵘。千江一线虎须口，万里孤帆鱼腹城。跃马雄图余垒迹，卧龙遗庙枕潮声。飞楼直上闻哀角，落日涛头气不平。

荥泽渡河

渺渺星查击楫登，鸿沟极目气飞腾。已过白雪三城戍，初试黄河十月冰。沙碛连云朝牧马，猎围行炙晚呼鹰。金隄东下彝门路，落日寒烟吊信陵。

李天馥

字湘北，江南合肥人，官大学士。

洪光寺

命侣来登最上亭，修藤都作老龙形。荒原宿莽秋迢递，员殿苍松昼窅冥。危磴云中盘积翠，悬岩天半落空青。一窗朝旭僧寮寂，远梵微微隔涧听。

送纪伯紫南归

南音新捷羽书催，好逐征尘挈伴回。晓翠依然杨柳路，江流无恙凤皇台。清尊宛转歌《三叠》，明月苍凉赋《七哀》。从此烟波踪迹渺，有谁还为寄书来。

祖家园

中顶之东花满庄，行来夹路秋风香。过雨小池自瀌瀌，掠云疏柳何苍苍。鸾笙象板有高会，黄菊紫萸非故乡。兴酣放饮不归去，更阑白露盈衣裳。

高士奇

字澹人，浙江钱塘人，官学士。著有《随辇集》、《苑西集》。

送张仲张

水国芙蓉几日秋，羡君归兴满沧洲。闲园修竹开三径，小阁清漪咏四愁。白璧投人悲按剑，黄金结客倦鸣驺。冥鸿自有图南翼，未合终身狎野鸥。

送孙恺似孝廉

沁园词客旧知名，曾在杨花渡口行。佳句已传箕子国，归思又向阖闾城。白苹风细扁舟稳，青桂香浓小苑清。吾亦有庐江上好，秋来鲈脍不胜情。

王又旦

四见

赠梁峒樵水部

几载常含昼省香，知君例作水曹郎。久辞请谒草侵户，近著河渠书满床。旧业六盘秦北地，臣躯九尺汉东方。那看塞上峰烟暗，升斗朝朝问太仓。

漫兴三首

潼谷城南白日遒，盲风怪雨出商州。蚊龙怒卷三川浪，鸟鼠平连百丈湫。都尉门前停野舫，将军幕外散鸣驺。伤心万户穷愁骨，底柱横填咽不流。

梦入蚕崖客感增，乌皮几在恨难凭。邓钟漫道多功伐，廉蔺分明有怨憎。关塞征输愁蔀屋，安危事业付中丞。黄羊仙酪玻璃椀，醉放霜毛海国鹰。

重门新课阻秦山，楚练吴绫避市阛。月出征人犹在野，鸡鸣使者已临关。弦高牛去空遗恨，陈兆符来竟不还。忆昔桃林通估客，秋风车马夜班班。

送家叔季鸿游脽上谒后土祠二首

绿杨连岸晓风斜，东渡汾阴泛客槎。天际两厓驰竹箭，春流三月涌桃花。黄云宝鼎沦衰草，绛气灵坛落暮鸦。旧事于今何可问，市楼酤酒是生涯。

东风紫燕入丛祠，河上人家记旧仪。古砌半沈天上水，苍松全折雨中枝。依稀三烛流光夜，想像千官立仗时。独喜啼莺犹未歇，看花一路到汾脽。

张玉书

字素存，江南丹徒人，官大学士。

赠王烟客奉常

中原耆旧半沈沦，屈指如君更几人。彭泽有诗题岁月，竹溪招友绝风尘。爱寻山叶浮烟艇，坐狎沙鸥把钓纶。战舰已空官税薄，白头稳卧五湖滨。

叶方蔼

字子言，江南昆山人，官刑部侍郎，谥文敏。

赠支炼师

金简标名在绛晨，玉皇香案五云亲。休嫌弱水飘舟客，曾作蓬山骂座人。桃实偷残天上树，榴皮书破壁间尘。思量只合华阳睡，捣药吹笙一梦陈。

李因笃

字子德，陕西官平人，官检讨。

长安秋兴四首

芙蓉苑北驻新军，羯鼓声悲剧夜分。邸道遗坊潜下马，王家故老夙能文。重闱寂莫千门月，绝戍纵横万里云。碧竹香兰消歇甚，昔游无路接同群。

三川北拱帝城开，古殿阴移万树衰。地老黄蒿通作柱，霜侵白骨半生苔。临城猎骑櫜弓入，带郭渔舟击棹回。近说西羌诸部劲，秋深牧马过边来。

西来宛马络青丝，万炬围城罢猎时。黍逼故宫秋自满，鸿号中泽暮何之。浮云回首悲关塞，返照经心望崦嵫。一滞双洲情不惬，蒹葭摇落好谁思。

咸阳佳气郁难消，渭水时通汉苑潮。皎月犹悬京兆，驿黄沙已合灞陵桥。寒催霜露鸣碪急，使出昆仑荷节遥。戍楚窥黔多不返，游魂旅旆日相招。（曹秋岳称李天生长律诗曰：“《风》《雅》以来仅有斯制”）

曾　畹

三见

泊阊门

二十年来吴会客，风帆一过一萧条。兵戈近满黄鹂港，箫鼓室喧白马桥。未有楼船通贾竖，渐闻丝茧税渔樵。最怜隄畔垂杨柳，终日青青向射雕。

赠顾松交吏部

直觉东归似故乡，每逢佳节就君觞。客中文宴如羊曼，吴下名园数辟疆。芳草昼凝歌扇绿，落花春散舞衣香。东山未许频游玩，早晚征书发建章。

徐乾学

字原一，江南昆山人，官刑部尚书。

赠李研斋太史

十载江湖稳钓几，跨鞍绝塞欲谁依。草荒白帝家何在，瓜熟青门事已非。著作千秋身未老，悲歌万里客将归。并州风劲霜如雪，送尔离亭泪满衣。

黎士弘

字愧曾，福建长汀人，官同知。

送崔五竺游庐山

十年清梦到匡庐，一苇看君纵所如。好句定从峰顶读，题名自选石潭书。轻帆逐浪逢春雁，野店吹灯饯楚鱼。此去牵人情绪远，好山良友意踌躇。

章江送刘侍御

万山如画木兰舟，却为章门十日留。词赋王郎悲故郡，琵琶商女忆江州。沿河柳细春初晓，到岭梅残雪未收好。去尉陀台上望，几人彩笔擅风流？

黄与坚

三见

春暮抵国门即事

少日遨游兴不孤，每将词赋傲三都。联床老辈西窗话，载笠经年北阙趋。太学古文看石鼓，故人佳句忆金铺。今来客邸增悲感，箧衍彫零字有无。（向芝麓先生辱赠诗）

卷　十

七言律诗

朱彝尊

再见

黄龙寺

黄龙隘口黄龙寺，法鼓空林十里闻。故老尚谭元总管，成功实倚耿将军。萧条象马金轮地，寂莫山河铁券文。古往今来意无限，仙坛瑶草几斜曛。

云中至日

去岁山川缙云岭，今年雨雪白登台。可怜日至长为客，何意天涯数举杯。城晚角声通雁塞，关寒马色上龙堆。故园望断江村里，愁说梅花细细开。

题竹垞壁

买断竹垞将四载，园林新笋未经尝。今来散帙时初夏，忽见抽梢喜欲狂。北市有人沽浊酒，南邻许我借匡床。江村稳卧真堪，乐休说燕云射猎场。

题南昌铁柱观

丹甍缥缈丽层城，铁柱纵横练紫清。阴洞蛟龙晴有气，虚堂神鬼画无声。游人自爱登高赋，仙吏仍兼济物情。雷雨忽愁天外至，江湖元在地中行。

南　镇

稽山形胜郁岧尧，南镇封坛世代遥。绝壁暗愁风雨至，阴崖深护鬼神朝。云雷古洞藏金简，灯火春祠奏玉箫。千载六陵余剑舄，帝乡魂断不堪招。

宣　府

高城西北控燕都，吹角清秋落日孤。尚忆武皇巡玉塞，亲从镇国剖金符。宫槐御柳今萧瑟，虎圈鹰坊旧有无。边事百年虚想像，谁夸天险塞飞狐。

毛奇龄

再见

少　年

少年抱剑出关中，羽卫新招六郡雄。久许报恩逾聂政，平时饮酒笑秦宫。鸡鸣晓日黄河动，雁阵秋阴紫宸空。当日枌榆迁欲尽，愁君驰马过新丰。

东　城

东城初跃紫骅骝，万里亲随博望侯。赤羽自传光禄塞，红妆新下绿珠楼。春还海雁天南尽，日照黄河水北流。寂莫朝鲜津吏妇，长联裙带学箜篌。

赠曾庭闻

西行不肯夺儒冠，独上雄州看马盘。去国曾参原不贱，游秦范叔岂愁寒。河流山峡归灵武，雪满天都走贺兰。万里鸣沙能跃剑，翻惊此地到来难。

晚泊

十里吴关蛟岸长，帆樯千片暮相望。满江红浪浮新霁，隔岸青山带夕阳。大贾几曾来越客，小姑不用嫁彭郎。楼船箫鼓秋风里，袅袅吹来欲断肠。

朔方

天校神兵罢朔方，双鞬不复挂渔阳。三秋白草缘关断，万里黄河入塞长。铁柱分标滇外戍，金书异姓汉中王。从军久负匡时略，愁见开边到夜郎。

丁炜

再见

贾岛峪

青山名傍古人存，贾岛穷居有故村。秋舍无烟成独叹，秋风落叶向谁论？十霜几堕并州泪，万里空归蜀道魂。烟月石楼寒瑟瑟，夜深疑叩老僧门。

王铉

字子陶，河南孟津人，官学使。

入霍州

高山叠岫势难攀，山里村村枣树弯。家在远天孤寺外，人行野水乱云闲。沙边雁叫惊弓起，潭畔龙腥带雨还。霍叔寂然周鼎没，年年铁揵锁重关。

星轺驿

蔓草班班石磴长，朝来岚翠湿衣裳。溪山佳处岑楼立，涧蛩鸣时众木凉。阴谷云腥龙带雨，暖风花气麝香。仙人辟谷藏深洞，无数乔松护药房。

陈玉璂

字赓明，江南武进人，官舍人。

兴济寄怀家兄其年

同君击楫大江干，共把离尊未忍干。一自风涛愁里听，真怜兄弟别时难。云连沧海鸿边度，月落滹沱马上看。尔在家乡定回首，几时书札到长安。

余　怀

再见

送钱季水之武昌

贫贱方知别更苦，乱离真学此身难。丈夫长揖出门去，几处孤城驻马看。楚水落花官舍回，吴山新月草堂寒。愁来若忆诸兄弟，好把双鱼托钓竿。

赠秋浦刘舆父

卒苦驱车到旧京，临风挐涕说平生。身当战斗空存骨，家为饥寒已废耕。何日涉江搴杜若，有人闭户种芜菁。暮云羌笛长干寺，卧听秋堂蟋蟀声。

送别剩人还罗浮

万里孤云返故关，一帆春草渡江湾。几年浪迹干戈里，何处藏身瓢笠间。愁听笳声吹白日，苦留诗卷伴青山。罗浮此去非吾土，须把蓬茅手自删。

酬姚仙期

别来无梦到家园，衰草斜阳醉玉敦。万里冬青啼杜宇，几年秋水泣东昏。江湖僧蜡寒归寺，雨雪人家夜闭门。莫叹相逢毛发改，荒鸡犹自叫刘琨。

蒋平阶

再见

越中咏古

勾践城荒越旧都，越王高冢枕兵符。谁衔宝剑酬明主，空采黄金铸大夫。乐野春畋余马枥，五湖秋祭冷冰厨。何来霸气为南斗，苦竹山前听鹧鸪。

若那溪畔木兰船，犹是当初教舞年。一入吴宫难再得，至今浣女自相怜。苎萝深处寻红粉，莲叶开时想翠钿。不为君王恩顾重，肯将颊笑向谁边。

送罗梦章比部省亲还蜀

归心遥系武功天，巫峡春风万里船。锦水无桑堪养母，邛关何地可筹边。云迷八阵愁鱼复，路转三巴泣杜鹃。自叹碧鸡词赋客，十年旌节竟空悬。

方殿元

四见

宫中行乐曲

金茎仙露报新秋，半掩珠帘水殿幽。银烛影前人似玉，碧梧枝上月如钩。何须妖梦来云雨，自有灵池应女牛。夜半笛声天畔出，宫娥知道富平侯。

答友人

不到春城五六年，年来生事有谁传。两株陶令门前柳，一半颜生郭外田。黄鸟风边行药路，桃花浪里钓鱼船。翻嫌杨子无佳兴，独坐空亭草太玄。

晚登采石矶

嵽嵲横东返照开，苍茫葭菼远潆洄。天门新月三秋到，江介雄风万里来。西楚波涛危白石，长松年代老青苔。常王辛苦挥戈处，今夜萧条牧笛哀。

席居中

再见

赠朱长孺

高隐从知吾道尊，一生自许老邱樊。由来岁月惟耽学，如此乾坤合闭门。踪迹久同琦里季，诗篇绝爱浣花村。迢遥道里双鱼杳，长向江干损梦魂。

蒋胤睿

再见

与诸子问秋郊外访指薪禅人还饮文峰石下得容字

西郊招我一携筇，开士晴窗肯暂容。贝叶未消名士癖，胡麻聊作野人供。鹤依夕影归香阜，风起秋声和梵钟。潦倒浑忘陵谷双，孤怀耐与淬辞锋。

李邺嗣

再见

吴门怀古

胥台黯黯下残阳，闻说台高春夜长。椵景已销频曲路，屧声如在小斜廊。曾寻故窟重来燕，频拾前溪旧种香。凄断越城桥上望，不堪飘雨过横塘。

郡城秋眺

有客江城共揽衣，登临不尽在斜晖。水从胥口中门入，山自峨嵋半夜飞。千载纯钩余剑草，一编越绝问渔儿。村东渐听人声近，知向荒崎采鲒归。

方　文

再见

宋宪使署中鹦鹉能言索赠

河陇驱车到朔方，携来鹦鹉挂雕梁。人虽侧耳怜娇语，鸟自低头忆故乡。岂望诵经成舍利，漫劳作赋动词场。酸卒最是关山路，绕树声声问上皇。

留别宋大涂

日日思归尚未归，故交情重莫能违。囊空客与花争笑，署冷君同鹤不飞。幸有露台长对酒，怕言家难各沾衣。何时拔宅贞江去，也买渔舟傍钓矶。

送陆汉东归粤兼谢赠研

当年东海受殊恩，此日无端走蓟门。一到黄河催转棹，重来白下暗伤魂。江楼送客逢春雨，石研遗余带墨痕。别后摩挲鸜鹆眼，长如良友共朝昏。

陶汝鼐

号燮友，湖广长沙人，前孝廉。著有《荣木堂集》。

武昌春雪

暖气新催桃李融，琼瑶一夜冻芳丛。花边去似探梅月，柳外斜同落絮风。片片著罗成六出，深深到树隐千红。鹤楼银界尤殊胜，扫雪烹茶二月中。

沈明府来视病邀饮烟雨楼

岂肯凄然对故人，病余开酌为残春。楼从烟雨图中见，水是鸳鸯梦里因。强醉已逢花事尽，苦吟长与药炉亲。使君更话潇湘旧，不独思家易损神。

顾炎武

四见

赠友人二首

生平不拟托诸侯，吾道仍须历九州。落落关河蓬转后，萧萧行李雁飞秋。为秦百姓皆黔首，待汉儒林已白头。何竟故人来负笈，艰难千里愧从游。

十年离别未言还，楚水枫林极望间。野雀暮归吴季庙，寒涛秋拥伍胥山。人琴已逝多哀涕，笠屐相看失壮颜。独有士龙年最少，一朝词笔动江关。

无题三首

日入空山海气侵，秋光千里自登临。十年天地干戈老，四海苍生痛哭深。水涌神山来白马，云浮绝岛见黄金。此中何处无人世，衹恐难酬烈士心。

南营瓮赭北流沙，终古提封属汉家。万里风烟通日本，一军旗鼓向天涯。楼船已奉征蛮敕，博望空乘泛海槎。愁绝王师看不到，寒涛东起日西斜。

长看白日下芜城，又见孤槎海上横。感慨河山追失计，艰难戎马发深情。崩车断簇周千亩，蔓草枯杨汉二京。今日大梁非旧国，夷门愁杀老侯嬴。

田　雯

再见

夏日杂诗二首

忽迁豪杰实关中，汉使星占迥不同。一自节旄飞瘴两，长教雕鹗卷蛮风。山川战没多新鬼，杼柚呼来赋大东。羽卫材官身手健，莫辞辛苦愿从戎。

汉代曾言云梦游，韩彭事业未央收。夜郎栈两盘江细，乌石榕花猎马秋。戍伍丁男冲瘴疠，村原寡妇尽诛求。群公自有匡时策，民瘼何须泪暗流。

陈恭尹

再见

送姜山上人游南岳

送师西去重低徊，曾上衡山绝顶来。夏帝碑芜虫篆遍，楚天峰断雁行回。灯前鬼芋穿沙出，霁后僧门凿雪开。正是到时三二月，上方明月下方雷。

过薛剑公不值

竹窗虚掩读书堂，远近游踪日已黄。舍瑟定偕童子去，采芝还入老人行。苔侵旧绿绿金井，花散高红点石床。一度不留君未惜，年年归路属春阳。

蜀中怀古

子规啼罢客天涯，蜀道青天古所嗟。诸葛威灵存八阵，汉朝终始在三巴。通牛峡路连云栈，如马瞿塘走浪花。拟酹昔贤鱼水地，海棠开遍酒人家。

金德嘉

字会公，湖广广济人，官检讨。

得张师石书却寄

杜门久与故人违，忽有音书到竹扉。过眼物华双鸟翼，惊心风雨一牛衣。春云江树黄泥坂，秋水渔灯赤鼻矶。日暮狂歌当浊酒，不禁西望思依依。

冯廷櫆

四见

诸葛武侯祠

坏垣倚径野花幽，肃肃灵祠祀武侯。红饭三升村赛晚，黄桑千树庙门秋。壁间画伎遗巾帼，山下征人役马牛。太息高麾游渭上，谁教天末大星流。

顾有孝

字茂伦，江南吴江人。

寄赠沈留侯偕小阮北上

春风杨柳拂行舟，有美联翩共远游。入洛陆机新作赋，依刘王粲故多愁。旧京珠履三千士，荒冢冬青一十秋。湖上好山无恙在，独持卮酒对群鸥。

林麟焻

字石来，福建莆田人，官主事。

春夜闻雁

独坐高台夜气清，东风吹雁忽声声。经年别去春归塞，万里飞来月满城。瑶瑟欲弹知有怨，帛书不系信无情。长安多少离群者，为尔愁思却尽生。

宋宫人斜

噪树寒鸦日易昏，内家斜对石龛门。云鬟宫样埋莎草，薜荔山阿酹酒痕。厓海不填精卫恨，春心长托杜鹃魂。金丝铜南伤零落，红粉犹传秘器存。

毛先舒

字稚黄，浙江杭州人。

春思二首

愁窥青鬓忽如丝，春老繁花又几枝。提起玉钗成怨怅，忍将红豆寄相思。光销画烛珠犹泣，梦入行云月不知。细向屏风看楚黛，此中何处不堪疑。

满眼春风著意寒，春衣拟著更嫌单。去年苔砌还生绿，昨夜蓬壶滴未阑。玉杵有缘春蜥蜴，宝钗无力压龙鸾。直愁乱落桃花处，细雨新泥不肯干。

潘问奇

再见

纪陈震生与友人话别

四十年前数弟昆，后来生事不堪论。身如鲁殿经秦火，世若麻姑语上元。倏尔竟成三度淡，岿然曾有几人存。今朝话尽西窗烛，可是当时旧酒尊？

严　滩

漫整荷衣酹逸民，滩声犹自动星辰。富春近日谁渔父，天子当年有故人。名到先生才是隐，贤如光武不曾臣。羊裘去后烟波阔，留得桐江　钓缗。

秋　兴

少小襟期与世违，布袍时复傲轻肥。为寻无忌栖梁苑，曾吊灵均入秭归。苜蓿花寒天马病，神仙字老蠹鱼饥。晴窗检点奚囊句，风月年年有是非。

朱一是

字近修，浙江海宁人，孝廉。

同顾修远游虞山

轻舟十里泛平沙，云外虞山一半遮。堤势远回言偃墓，草痕青入仲雍家。野泥初圻未开笋，溪雨欲流将尽花。乘兴不辞今日醉，此身谁记在天涯。

杜　濬

再见

再送李三友之金陵

主人再出客未行，研田老为谁力耕。三顿加餐管醉饱，四回见月详亏盈。白头知感谅何益，红叶题诗伤此情。冀君暇日偕季二，视我十口邻台城。

顾九锡

字临邗，江南江都人。

燕子矶晚渡

日落荒山海气收，江村初晚荻芦秋。乘槎客至西风起，击揖天高朔雁浮。败叶萧萧麾扇渡，寒星历历景阳楼。伤情独有悲秋客，漫负渔篆向石头。

九日怀瓜渚诸子

江城遥望烽烟晚，不禁相思漫倚楼。两地寒云黄菊暮，一天丝雨白苹秋。乱余闭户怜同调，病起开尊坐独愁。嘉会龙山应有约，故人无计棹渔舟。

盛符升

字珍示，江南昆山人，官御史。

南征二首

丹徼俄传赤羽飞，边声乙夜警垂衣。但知归马谋应切，谁料亡猿事已连。杯酒从容良不易，淄青倔强究安归。试思几杖恩深处，头白何堪发祸机。

太白秋明井鬼旁，兵占早已在炎荒。养成岁月营三窟，嵎负西南擅一方。莫遣金沙连蜀汉，岂容清浪接湖湘。由来制胜资全策，铜柱依然缅水阳。

留别曲江诸子

木落秋高欲暮天，孤帆一片楚云边。江枫朔雁霜前路，白草黄芦渚上田。风便却看京口树，月明犹望竹西烟。心期不共寒流去，回首从游各惘然。

金陵怀古

重向南邦忆少年，宫门彷佛成楼边。长陵松径来樵子，后苑湖阴宿钓船。故国几堪歌玉树，行人犹自怨金川。却怜山色凭谁在，灵谷岿然倚断烟。

中秋岱顶即事

身入云端云下垂，风雷南去日西驰。青霓断续斜阳外，碧海澄鲜子夜时。天柱独晴依上界，冰轮乍满半秋期。茫茫俯视皆尘雾，一片空明对玉池。

李基和

字协万，江南丹徒人，著有《梅屋诗意》。

重过西山碧云寺宿藏经阁下有感作

钟鼓无间静梵言，晓风吹月下窗昏。山柯交错秋声聒，泉响沈潜夜气存。五叶双林凋震旦，十年一饭宿云门。凄凉鹫阁禅灯晦，驯鸽金经念佛恩。

潘 高

四见

西郊漫兴

睥睨青山隔浅沙，薜萝深巷更谁家。三春酒债凭藜杖，一路诗情半落花。知惜风光年已老，欲亲鱼鸟计偏赊。君来颇尽茅斋兴，坐听黄鹂到日斜。

荆氏园林

柳塘水态正迤迤，隔水人家总不知。竹里初逢因话久，花边微笑自行迟。即看道侣偏年少，忍对风尘叹鬓丝。又是孤舟前浦别，单衾空馆寄相思。

吉人饷蟹并画山水图见赠却寄

远致霜螯映玉盘，重烦书札托溪潭。挈壶贳酒悭先破，走笔题诗兴已酣[①]。入眼试看饶乐事，此身不枉住江南。翻怜两鬓毵毵白，回首儿曹总未谙。

校记：

①走笔题诗兴□酣：据（清）潘高《南村诗稿》（清康熙鹤江草堂刻本）卷十一补录为“走笔题诗兴已酣”。

宗元鼎

字定九，江南江都人。

题郊居

茶灶声清响竹廊，小亭新构面横塘。渔夫晚唱烟生浦，桑妇迟归月满筐。一岭山花烧杜宇，满池春雨醉鸳鸯。篱间犬吠何人过，不是诗僧定酒狂。

甘露寺北轩追和杜牧之原韵

独步回廊绕槛行，鸟啼花谢正关情。感深落月前朝笛，愁绝垂杨故国笙。帆影东南连水气，梵音朝暮杂潮声。重来十载题诗客，依旧人间浪有名。（阮亭曰：“稍嫌荃笛合掌，然风训自能”）

秋晚田家即事

漠漠渚田噪晚鸦，潇潇门柳傍檐斜。老农南圃浇蔬菜，处士西陵采菊花。薄暮轻烟笼树杪，远村征月照人家。牛羊夕下浑无事，把酒篱边说岁华。

腊月同友人作

孤亭萧瑟倚寒汀，薄暮围炉望远屏。残雪不分梅树白，长歌欲放柳条青。人归水国花无恙，春到江南酒未醒。明日河桥休买棹，征途从古叹侵星。

叶　襄

字圣野，江南长洲人。

新柳四首

骀荡东风促放芽，有情应似惜年华。章台湿雨追芳草，野郭轻阴待杏花。浅绿未堪迟幕燕，嫩黄何处暗栖鸦。永丰坊里承恩早，柳宿光中一缕斜。

摇曳轻烟动客津，灞桥犹未浥征尘。雨催陶令门前碧，风入桓伊笛里新。帘幙渐高隋苑色，旌旗偷压汉营春。可怜汴水空如许，不得清阴庇路人。

江皋寒薄雨冥冥，袅袅长条早试青。春色乍看回绝塞，离愁先已到长亭。武昌城外千丝软，官渡河边数缕萦。霸业漫随流水逝，更于何处嫁娉婷。

梁园杨柳独依依，长伴行人送落晖。眉黛晓看秦镜浅，纤腰春怯楚宫围。黄河晓映流澌下，紫陌春愁委絮飞。摇落灞台伤庾信，玉关一望泪沾衣。

喜康小范孝廉至兼吊杨机部先生

万里清江浪拍天，故人消息动经年。重来麋鹿长洲苑，归去荒芜彭泽田。虎帐角残辞部曲，龙沙旗折偃戈船。卢谌沦落刘琨死，回首章门一惘然。

顾　樵

字樵水，江南吴江人。

过归云庵

落日峰头曳杖还，薜萝深处见炊烟。连云樵径青松里，半岭茅茨红树边。疏磬数声开竹户，寒泉百道下山田。高人遗址依然在，溪路桃花忆往年。

李国宋

字汤孙，江南兴化人，孝廉。

望国山

岳麓铜峰面面分，雨中遥望国山云。紫宫秘记金函册，青嶂残碑石鼓文。虎踞几年瞻王气，龙骧他日驻新军。九岑环绕荆溪水，留得司徒半亩坟。

王猷定

字于一，江西南昌人。

雪夜同弟子展宿天兴寺话别

廿年布被拥荒城，古寺惊心倏二更。排闼冷风窥鼠窜，高天鸿雪下钟声。弟兄话少衫多泪，老病眠难牖对明。汝去战场谁作伴，康郎山下又移兵。

清明后一日登文游台眺望

目断长湖三十春，干帆暮雨海东尘。梨花白发台前客，麦饭黄冠梦里人。猛士歌风长忆沛，泰山封石耻言秦。荒荒日月过天地，钟鼓楼边照几巡。

梅　清

字渊公，江南宣城人。

燕子矶

石翼何年水面浮，飞来屹立大江流。波沈台榭三吴梦，烟锁艨艟六代愁。隐峡笳声惊度雁，翻空鼍影散群鸥。钟山日落秋风急，野老何当独倚楼。

吴　雯

三见

送曾青藜之粤东

罗浮山色五羊城，投老炎荒去住轻。岂为丹砂勾漏访，便冲腊雪岭南行。槟榔花解迎人笑，蝴蝶香能入梦生。却羡干秋纪游览，鹧鸪峰下有题名。

赠朱悔人学耕东浦

双鸠呼雨又呼晴，东浦何人正饷耕。蟹舍遥连平楚白，柴门俯见下江清。烧畬侵晓驱牛出，饮社终朝荷锸行。莫讶逃名名转盛，耒边应有汉书声。

赠黄六吉

十年令望叹无双，亲见风流意益降。的有公才比东汉，更闲诗派振西江。青春索句王孙草，迟日摊书玉女窗。最感天涯知已在，莫辞沈醉续兰釭。

徐　夜

三见

和阮亭秋柳

摇落江天倍黯然，隋隄鸦乱夕阳边。谁家楼角当霜杵，几处关程送晚蝉。为计使人西去日，不堪流涕北征年。孤生所寄今如此，苏武魂伤漠使前。

坐放鹤亭

岿然一屿水回环，想见高风物外闲。墓上梅开春又老，亭边鹤去客空还。书无禅草逢当世，祠有贤名擅此山。买断西湖皆宋土，羡他生死太平间。

富春山中吊谢皋羽

晞发吟成未了身，可怜无地著斯人。生为信国流离客，死结严陵寂莫邻。疑向西台犹恸哭，思当南宋合酸辛。我来凭吊荒山曲，朱鸟魂归若有神。

宋　荦

五见

使院即事示介维

双江如箭聒斜阳，一发中原是故乡。狼籍芭蕉堆径绿，分明橘袖饱霜黄。杯酬木客山中句，衣染黎人海外香。好趁瘴消秋雨后，幽岩振策共钱郎。

周在浚

三见

燕子矶

当年铁锁撼波声，又见洲前芦荻生。京口风帆随日落，海门潮汛与天平。孤亭北倚离荒阜，老树南倚荫古城。曾向几头频伥望，爱他渔火隔江明。

宛陵秋怀

鲁明江上忽扬舲，一水苍茫似洞庭。两岸农歌秋获早，几声渔笛夜航停。谁来洒酒桓葬墓，客欲消魂谢朓亭。文脊何须寻往迹，却从郡里识瞿硎。（谓梅渊公）

黄虞稷

字俞邰，福建晋江人。

赠林茂之

八十才名遍九州，七朝遗老至今留。听谈旧事开元载，早识先人万历秋，藜杖寻诗荒径外，松风坐客小楼头。乳山咫尺能招隐，我欲从公一溯游。

张于王

再见

闲居杂诗三首

芙蓉冷落似贫居，嫩向邹阳学曳裾。蹇叟身闲因失马，孟尝客散为无鱼。早知荒废中人产，悔不勤看货殖书。历遍艰辛今始觉，北窗高卧罢欷歔。

生来不肯受人怜，裋褐如今二十年。强欲题诗离景象，准防辟谷访神仙。瑶台应有餐霞术，贫士何劳乞食篇。苦雨凄风无限，意几将白眼望高天。

卷帘微雨带云凉，瓶插山花野趣长。吴舫新来皮酒酽，御河初卖紫菱香。奇文检点东西汉，古帖临摹大小王。茅屋虽然常冷澹，也胜褦襶帝京忙。

冯　班

三见

重经沈氏园

昔年无赖此猖狂，一饮从教一石强。闹晓醒时莺燕乱，趁春终日蝶蜂忙。浮云带树添山影，嫩桑封条斗日光。此事可堪惆怅极，抱山堂复旧长廊。

题小刀

一尺清光势似钩，锷边名姓旧来雠。未甘孤怯常磨看，自恨粗疏更密收。无质暮烟轻欲动，有情秋水冻难流。次飞匕首堪为伴，但斩蛟龙不觅侯。

桃　根

阿阁三重压小轩，玉梯东畔识桃根。未知薄怒深于笑，却喜横波直似言。月露有光空别梦，春风无事静消魂。此生万事因君尽，深负多情不负恩。

梅　花

素质先春迥出群，相思何处梦纷纭。莫言荡妇楼中粉，只似仙人岭上云。半树临风惊晓色，一枝如雪立斜曛。偏怜最有池中水，才得冰开已照君。

叙　旧

三重阿阁凤皇巢，葺用芳兰藉用茅。椒壁红泥香自起，画楣花蹙锦相包。水纹光透珠帘冷，山字倚多玉枕坳。方朔自矜来往熟，碧桃花下有谁嘲。

有　赠

端正形模似斫成，年来粗道识杯铛。陌头追逐闲车骑，灯下逢迎好弟兄。娇面酒匀霞滟滟，素衣光动玉铮铮。露葵堪食谁能荐，积雪轻弹莫放声。

落　花

开时多雨落时晴，杜甫诗魔太瘦生。罗袖爱将云片惹，芒鞋常蹋锦堆行。杯觞潋滟还浮蚁，丝管萧条独啭莺。不笑不愁人自老，下弦三月一钩明。

感旧二首

当日楼中夜未阑，隔帘红药露团团。清歌出格鲸尊满，醉袂沾香凤蜡残。暗与美人收堕珥，狂教座客笑遗冠。重来事事陵成谷，一片秋阴作晚寒。

方丈朱盘直万钱，花飞金谷交开筵。堂高不惜风吹烛，帘卷还嫌月有烟。锦袖无端成蔓草，玳簪一散半重泉。不堪旧日藏鸦树，犹有金丝罥马鞭。

赠　别

不成欢笑又酸辛，转烛添香已向晨。燕去浸为朱户客，鹊飞应识绛河人。重衾霜冷通宵梦，别袂风吹几处尘。玉骨不堪春病在，莫教离恨着腰身。

绮　窗

绮窗鸳瓦近中天，谁起高楼闭谪仙。鹤寄素书通弱水，龙耕瑶草接芝田。铢衣欲著天风冷，明镜临妆海日鲜。阿母不知何处去，箫声一片隔非烟。

录旧诗凄然有作

肠断凝尘掩钿筝，宝钗当日挂冠缨。兰膏入发盘云腻，霜素裁书独茧轻。昆火不教留玉烬，鲍壶何处著冰清。坚芳损折由来事，莫向圆穹诉不平。

落　花

人情大抵恨匆匆，紫带青梢入眼空。千树秾华千树雨，一番晴暖一番风。惜教国色双颟澹，怕剔银灯小朵红。艳性也知应负我，何妨纤瓣坠怀中。

王彦泓

再见

即事三首

腰肢自笑丽华粗，细骨宜酬百琲珠。风度枕函闻暗麝，月穿衫缕见凝酥。含毫爱学簪花格，展画惭看出浴图。更是厌人当面问，凤皇何日却将雏。

历遍情场滟滪滩，近来心性耐波澜。引将妒女瞋眦裂，博得欢娘笑齿寒。心断猜嫌从客谤，貌无评泊恣人看。东邻一任持郎去，欢处无侬定不欢。

雨下春泥月下霜，几年辛苦做萧郎。休论犯雪邀宜主，祇忆藏花遇妥娘。獭髓易求非玉杵，鸩媒轻泄似胡香。天台再许刘晨到，肯惜千回度石梁。

逋客叔菊宴

几拍吴愉日渐曛，后堂香发卷帘间。登墙雪貌东家子，映烛明姿左阿君。花气与人浑不辨，竹声如肉骤难分。分明玉树尊前坐，知是何人梦里云。

续游三首

银墙朱户碧铜铺，新住青溪最小姑。红豆数来夸记曲，熏笼立上试轻躯。差教董偃庖人服，笑许陈遵侍婢扶。清月照人香雾里，凭谁为写夜游图？

浪说仓庚疗妒方，笑他邢尹互潜藏。神仙底事私奇服，姊妹犹然忌体香。团扇风流何预嫂，绿翘冤抑况无郎。能将栀子连诗赠，只有徐娘与谢娘。

严城阻绝梦魂通，小市门东更向东。剪烛寄声书草草，背灯弹泪去匆匆。花繁竹密因迷路，蝶趁莺捎有便风。梅桑胆瓶看渐减，每朝分插到钗丛。

病　讯

绣被新鸳剩半床，怕拈卮酒怕闻香。能瘳别恨无灵药，愿驻华姿有禁方。背冷乍温教女弟，面痕轻舐待萧郎。悬知坐起新妆澹，只有葵花似嫩黄。

感旧游

迷藏斗酒旧成群，夜夜潜游抵夜分。罚盏任冤偏后醉，奇香虽秘得先熏。筝娘乞句留钿带，萧史求书展练裙。无限断肠踪迹处，坏墙风雨绣苔纹。

有女郎抄余诗者玩而咏之

无聊私咏隔天涯，不道吟哦到齿牙。江令诗才犹剩锦，卫娘书格是簪花。长将睡压香浓染，怕被郎窥烛半遮。想得笑和桃叶语，羡伊根蒂属王家。

有 感

花前歌酒旧同群，烂熳风情独数君。寝次故持欢镜照，病余犹出异香分。谁知国士终埋玉，早见神娥尽化云。今日席间谁认得，旧时家令沈休文。

无 题

夜饮朝歌昼未眠，轻狂全是倚娘怜。妮他细语抛针线，替我排愁肆管弦。夜月不移欢枕畔，春山常坐酒垆前。何当荑玉亲磨墨，立到琉璃研匣边。

烧香曲

新寒跨火小屏前，昼袴文綦绝可怜。赏聚不烦烧鹊脑，病怀端自怕龙涎。鸭炉好与欢同誓，犀合仍留字纪年。惟有香烟与侬似，一条孤细直如弦。

个 人

怅恨清光不共游，眼波肌雪正宜秋。桐花落处闻开锁，柿叶明时见倚楼。几度扇遮当面笑，可应灯照下帏羞。无边妒眼憎情眼，行过帘前莫转头。

即 事

古桂幽香曝晚晴，玉人风格照秋明。恰宜重九当初度，喜听双文是小名。好梦更征裙带解，私书合用佩囊盛。妆成自赏通身影，秋水帘前月一泓。

梦游春二首

曾下幽房拂地帘，绣筐香笼恣窥觇。重台莲瓣弓三寸，七出菱花镜一奁。曲本偶藏花样小，饼茶香剩啮痕纤。罗巾袖口葳蕤钥，收拾情踪自戒严。

清夜能游必慧人，泪垂红烛意堪亲。低窗窄槛通新月，细桑疏花验小春，戏掐枣膏添麝火，暗拈瓜子记杯巡。相思怨绝诗难写，却爱弦声诉得真。

寄友秣陵

客怀难耐日初长，马影斜阳蹋几坊。花下玉杯尝苦笋，灯前银叶试甜香。愁来但祷清溪庙，醉后无无忘佩囊。为觅绣鞋金缕样，倒提纤手学南唐。

代友人赠妓

绿水桥西住谪仙，丽华肤发丽娟。年偷游乍识都知面，庇酒难忘录事怜。窗下有时思梦笑，灯前长不卸头眠。一双弱手宜丝管，莫学河间但数钱。

生辰曲二首

画檐鹊响报新晴，鬓朵初镌玉叶成。绣佛像前同下拜，泥金经尾独佥名。红蛛缒镜知添喜，白鸽开笼看放生。笑说口脂休更赠，十年年减是莺莺。

弄环年纪早相怜，绿叶成阴色韵全。休说蔗甜分首尾，已知蜜味满中边。轻裙覆酒香难浣，低须围花暑不蔫。定是慧根熏染久，玉池吹气比青莲。

残　妆

睡夕簪花晓未蔫，又寻幽朵露丛边窗。光映日来侵面衣，影翔风欲泊肩。艳须泽同新沐夜，羞颜赪似未笄年。残妆最是难看见，缓住梳头一细怜。

炉节江边宴集

唤得秋娘渡口船，竹西歌吹傍江烟。倚斜帽影调鹦夜，清脆铃声放鸽天。香饼暖烘桃叶袖，墨花狂污薛涛笺。青舟莫负开炉节，绣被浓熏一夕眠。

豪筵即事

语鸟名花粤海供，平泉歌舞甲城中。何家馔谱无黄颔，赵氏眠茵有绿熊。灯烛乱疑星陨雨，椒兰飘似雾从风。迷楼别有堪迷处，螓首蛾眉院院同。

卷十一

七言绝句

钱谦益

三见①

校记：

①钱谦益 三见：原本未标目，考《灯屏词为龚芝麓作二首》系钱谦益诗作，见钱谦益《牧斋有学集》卷五《绛云余烬集》下，四部丛刊影印清康熙本；《武陵观棋二首》系钱谦益诗作，见《牧斋有学集》卷五《绛云余烬集》下，四部丛刊影印清康熙本；《金陵观棋二首》系钱谦益诗作，见《牧斋有学集》卷一《秋槐诗集》之“后观棋绝句六首”，四部丛刊影印清康熙本；《虎邱戏为张五题扇二首》系钱谦益诗作，见《牧斋有学集》卷五《绛云余烬集》下，四部丛刊影印清康熙本；《送歌者北行二首》系钱谦益诗作，见《牧斋有学集》卷四《绛云余烬集》上，四部丛刊影印清康熙本；《村庄红豆花诗二首》系钱谦益诗作，见《牧斋有学集》卷十一《红豆三集》，四部丛刊影印清康熙本；《酒间别妓二首》系钱谦益诗作，见《牧斋有学

集》卷七《高会堂诗集》，四部丛刊影印清康熙本。故补录。

灯屏词为龚芝麓作二首[①]

换征移宫乐句多，玉箫风急度银河。星娥月姊惊相诘，天上何人窃九歌。

泼墨崇兰泛晓霞，石城玉雪漾平沙。骚人香草休题品，此是西天称意花。

校记：

①灯屏词为龚芝麓作：（清）钱谦益《牧斋有学集》（四部丛刊影印清康熙本）卷五作“灯屏词十二首（赠龚大中丞）”。

武陵观棋二首[①]

帘阁萧闲看奕时，初桐清露又前期。急须试手翻新局，莫对残灯覆旧棋。

黑白分明下子时，局中两兔已雄雌。世间国手知谁是，镇日看棋莫下棋。

校记：

①武林观棋：（清）钱谦益《牧斋有学集》（四部丛刊影印清康熙本）卷五作“武陵观棋六绝句”。

金陵观棋二首[①]

客舍萧辰看奕棋，秋风卷箨响枯枝。空庭落叶声如扫，争似盘中下子迟。

寂莫枯枰响泬寥，秦淮秋老咽寒潮。白头灯影凉宵里，一局残棋见六朝。（阮亭曰：“其年词句有云：‘江山零落如残爽，又妙于牧翁之一局残棋，见六朝矣。'”）

校记：

①金陵观棋：（清）钱谦益《牧斋有学集》（四部丛刊影印清康熙本）卷一作“后观棋绝句六首”。

虎邱戏为张五题扇二首①

蕙质兰心桃李年，夹衣迎腊未装绵。侬家旧住天河上，不比牵牛会贳钱。

霜风午夜静寒林，何处柔和转妙音。五百仙人齐省记，多生于此失禅心。

校记：

①虎邱戏为张五题扇：（清）钱谦益《牧斋有学集》（四部丛刊影印清康熙本）卷五作“虎丘舟中戏为张五稺昭题扇，得绝句八首，稺昭少年未娶不肯席帽，北游故诗及之”。

送歌者北行二首①

红旗曳掣倚青霄，邺水繁华未寂寥。如意馆中春万树，一时齐让郑樱桃。

凭将红泪裹相思，多恐冬哥没见期。相见只烦传一语，江南五度落花时。

校记：

①送歌者北行：（清）钱谦益《牧斋有学集》（四部丛刊影印清康熙本）卷四作“辛卯春尽歌者王郎北游告别，戏题十四绝句以当折柳赠别之外，杂有寄托谐谈无端，隐谜间出，览者

可以一笑也”。

村庄红豆花诗二首[①]

寂历香尘界尽帘，小阑绨几供香严。笑他红白闲桃李，都与儿郎插帽檐。

金尊檀板落花天，乐府新翻红豆篇。取次江南好风景，莫教肠断李龟年。

校记：

①村庄红豆花诗：（清）钱谦益《牧斋有学集》（四部丛刊影印清康熙本）卷十一作“遵王敕先共赋胎仙阁，看红豆花诗吟欢之，余走笔属和”。

酒间别妓二首[①]

酒暖杯香笑语频，军城笳鼓促霜晨。红颜白发偏相殢，都是昆明劫后人。

汉宫遗事剪灯论，共指青衫认泪痕。今夕惊沙满蓬鬓，方知永巷是君恩。

校记：

①酒间别妓：（清）钱谦益《牧斋有学集》（四部丛刊影印清康熙本）卷七作“霞老累夕置酒彩先先别，口占十绝句记事，兼订西山看梅之约”。

曹　溶

三见

制研诗

南唐官务久凋零，海国重来倚玉屏。不信穷途知已在，一双鸲鸽眼长青。

龚鼎孳

三见

送歌者南还次牧翁韵二首

生成珠树有鸾栖，丞相鸣钟邸第西。为报五侯鲭又熟，平津花月贱如泥。

长恨飘零入雒身，相看憔悴掩罗巾。后庭花落肠应断，同是陈隋失路人。

上巳过金陵

倚槛春愁五树飘，空江铁锁野烟销。兴怀何限兰亭感，流水青山送六朝。

吴伟业

七见

观　棋

闲向松窗覆旧图，当年国手未全无。南风不竞君知否，抉眼胥门看入吴。

过鱼山曹植墓

邺台坐法公车令，菑郡忧谗谒者书。天使武皇全爱子，黄初先已属苍舒。

赠寇白门五首　故保国朱公家伎①

南内无人吹洞箫，莫愁湖畔马蹄骄。殿前伐尽灵和柳，谁与萧娘斗舞腰。

朱公转徙数千金，一舸西施计自深。今日衹因勾践死，难将红粉结同心。

同时姊妹入奚官，桐酒黄羊去住难。细马驮来纱罩眼，鲈鱼时节到长干。

重点卢家薄薄妆，夜深羞过大功坊。中山内宴香车入，宝髻云鬟列几行。

旧宫门外落花飞，侠少同游并马归。此地故人驺唱入，沈香火暖护朝衣。

校记：

①故保国朱公家伎：（清）吴伟业《梅村家藏稿》（清宣统三年武进董氏本）卷八为："白门故保国朱公所畜姬也，保国北行白门，被放，仍返南中，秦淮机遇，殊有沦落之感，口占赠之。"

送王玄照还山三首

始兴公子旧诸侯，丹荔红蕉岭外游。席帽京尘浑忘却，被人强唤作廉州。（王曹为廉州）

内府图书不计钱，汉家珠玉散云烟。而今零落无收处，故国兴亡已十年。

朔风归思满萧关，笔墨荒寒点染间。何似大痴三丈卷，万松残雪富春山。

题帖二首

孝经图像画来工，字格森严自鲁公。第一丹青天子孝，累朝家法赐东宫。（禁本有《孝经图》，《周昉画》，《颜鲁公书》，今在吏部侍郎孙公处）

金元图籍到如今，半自宣和出禁林。封记中山王印在，一般烽火竟销沉。（质慎库图书百万卷，皆宣和所藏。有中山王下燕时封识印信，甲申后并散佚）

周亮工

三见

靖公弟至

荒城兀首对灯残，归计先愁百八滩。尔又远来余未去，高堂清泪几时干。

喜蒋用发至自闽南

海水群飞百丈高，同君城上拥弓刀。战瘢莫共灯前看，恐惹霜华圭鬓毛。

蒋平阶

三见

哭朱彦兼二首

空山织屦不知贫，欲识桃椎总未真。满地秋花无五緉，也应愁煞路傍人。

开士堂前桂树枝，天香国里慰相思。我来不见朱公叔，愁绝今年花落时。

戴明说

号岩荦，直隶沧州人，官侍郎。

题征宗画鹰

雪后天高双羽轻，金睛斜瞬暮云平。谁知艮岳山头燕，风两年年骂蔡京。

蒋　超

再见

娄东道中

穿阴树鄣香粳路，啮石波眠杨柳村。钗股白苹清见底，篱头黄雀聚当门。

顾炎武

五见

姬人怨二首

伤春愁绝泣春风，乱发如油唇又红。不是长干轻薄子，如何歌笑入新丰？

云鬟玉鬓对春愁，不语当窗娇半羞。柳絮飞花无限思，教侬何物得消忧？

王 钺

再见

塞上曲

虎骑龙旂十万多，衔枚雪里渡洮河。纵然夺得姑臧地，祇好行营牧骆驼。

阎尔梅

再见

赠蒋驭鹿

铁岭金台梦一场，朱门碧草影茫茫。西风吹散梁园客，独有枚皋哭孝王。

吴 绮

字园次，江南扬州人，官湖州知府。著有《林惠堂集》。

犹 记

甲夜犹传驻御幢，一朝芸帙冷明缸。蛛丝似也知人事，网遍金泥闪电窗。

见人扇头是友沂绝句怆然和之

歌版当年出绛纱，绿腰红袖尽铅华。只今便面春风在，曾向章台拂柳花。

入署二首

新换头衔骑省郎，终朝驱马看人忙。铁花绣尽黄金钥，赢得残书叠印床。

平明初下紫宸班，锦署无营画掩关。闲拂案尘摊好句，一杯凉雪祭椒山。

咏画栗

实如张放林中弹，皮绕桓公面上髭。不是写生容易得，拾来将疗杜陵饥。

题画枕

十八年来一欠伸，而今稳向钓鱼津。扁舟仰睡桃花下，不怕槐安告密人。

嘉　禾

淼淼寒波动画船，南湖春两细如烟。不知修竹弹何事，冷落鸳鸯一万年。

戏咏醉李

歌舞无端失旧恩，苏台响屧总销魂。多情只有王戎李，犹带东窗指甲痕。

王士禄

五见

回　头

几夜兰舟共月明，芙药香静簟纹清。回头便是游春梦，茗椀炉熏是故情。

为栎园题龚半千画

石门积雨黯层峦，鸦路苍苍万木攒。为忆秋风吹老屋，孤情著意写荒寒。

王士祜

再见

早过奔牛

枫叶萧萧露气清，菰蒲猎猎早潮生。扁舟跂脚闻风水，便有长江万里情。

王士禛

六见

真州绝句二首

白沙江头春日时，江花江草望参差。行人记得曾游地，长版桥南旧酒旗。

江干多是钓人居，柳陌菱塘一带疏。好是日斜风定后，半江红树卖鲈鱼。

骊山怀古五首

鸜鹆何年问上皇，野裳风折缭垣长。销魂此日朝元阁，亲试华清第二汤。

舞罢惊鸿岁月徂，长门深闭长青芜。君王自爱霓裳序，不记楼东一斛珠。

蜀王音信渺天涯，青鸟西飞日又斜。断粉残香谁得见，承恩只有玉莲花。

凤凰原下鹿槽旁，虢国夫人有赐庄。无数青山学眉黛，当年谁入合欢堂。

空城几曲水潺潺，松柏凄凉满旧山。辇道无人秋草合，年年呜咽到人间。

广元舟中闻棹歌

江上渝歌几处闻，孤舟日暮两纷纷。歌声渐过乌奴去，九十九峰多白云。

汉嘉竹枝

龙游城郭碧玻璃，西望三峨晓黛滋。分取三江作明镜，镜中各自照蛾眉。

汪　琬

四见

姑苏柳枝五首

腊底寒威尚未消，浅黄轻碧影迢迢。费他烟雨知何限，只替东风染柳条。

梅花狼藉杏花香，别有长条拂水长。幸得免当来往路，任和烟雨罩鸳鸯。

摇曳长堤覆广津，分明画出渡头春。倩谁更落徐熙墨，添个春江唤渡人。

层层绿浪漾晴空，欲斗深红与浅红。待得小桃都著子，也将飞絮嫁东风。

亚字城西万万行，翠裙缃带背时妆。风流要是无人识，自对东君舞一场。

纳 凉

衡门两版掩松风，葵扇桃笙偃仰中。就与孙刘相阔绝，不过令我不三公。

期与昭兹出游近村会风雨不果

数里松筠刺空碧，千章枫柏著霜明。暮年十事九败意，恰欲杖藜风雨生。

醉中漫兴

懒作清谈懒赋诗，也羞骑马觅交知。今年较觉风情少，谁到尊前似旧时。

调薛户部大武

十载雕虫稍擅名，未曾缚袴学长征。他时若得登三事，但乞萧公作骑兵。

看梅杂诗三首

打瓦翻盆夜半声，幽人孤负爱花情。梅花与雨何嫌怨，愿向东皇乞快晴。

刺眼繁花恼病翁，未妨排日醉春风。异时莫葬陶家侧，沟兆细梅万树中。

屏迹山村是一奇，斩新梅萼裹村扉。任渠亲故瞋疏阔，不到花飞不合归。

村居二首

风色微暄日影疏，仓庚戴胜迭相呼。数家杨柳垂垂接，写出豳风小样图。

柴门半掩绿杨新，门外呼声听未真。出见儿郎欢绕担，分明寒食卖饧人。

初置山庄

缚帚旋除蛛网净，插篱每护药苗新。老夫到老不晓事，能几何时作主人。

闲　行

门前山色迥苍苍，松鬣成阴蹢躅芳。欲索解人那可得，自支桃竹立斜阳。

陈廷敬

再见

寄韩少室先生

家住行山第一峰，石泉云袅出疏松。黄河渺渺霜风起，收拾鱼竿放白龙。

李天馥

三见

偶忆巢湖

巢湖久别误华簪，湖上青山梦里酣。三月鲥鱼九月橘，令人那不忆江南。

浑　河

饮马遐源大漠倾，黄沙千里度秦城。乘风恶浪奔飞疾，时作鼋鼍出浴声。

李念慈

字屺瞻，陕西泾阳人，官景陵知县。

吴六益池亭看花

松江十日九风雨，无雨便为花事忙。野水版桥篱舍外，醉将跣足蹋沧浪。

秦松龄

号留仙，江南无锡人，官翰林。

洞庭词二首

缥缈峰高未易攀，扶筇早上白云间。低头欲认乡园水，只露夫椒一抹山。

绿树平湖好卜居，数间茅屋一床书。山家供客无兼味，手摘黄柑换白鱼。

吴　骐

字日千，江南松江人。

塞下曲

使者乘轺出玉门，诏持缯帛赐乌孙。为言侍子今无恙，初在京师读鲁论。

张玉书

再见

过某将军营

六纛双旌隐画扉，月明霜白路人稀。燕归不识将军垒，犹认乌衣旧宅飞。

方殿元

五见

南湖竹枝

佳人结伴似花丛，澄湖南畔采芙蓉。乍触郎舟莫相怪，木兰桡小奈东风。

张良墓

家散千金归汉主，舌存三寸拜留封。椎秦不意逢黄石，辟谷翻难遇赤松。

访山人

轻舟一路绕烟霞，更爱山前满涧花。不为寻君更留住，那知花里即君家。

感　甄

塘上歌残无复春，那知一枕不生尘。香魂若逐东风散，谁使陈王赋洛神。

屈大均

六见

泷　中

一泷烟雨一泷晴，泷口鸳鸯夹岸迎。风送猿声满城郭，行人忽起故园情。

醉赠邯郸少年

邯郸公子善娱宾，玉貌尊前映塞春。欲得荆轲捐七尺，只须宝马与佳人。

雷阳曲

花下欢闻白马嘶，郎来日日在南溪。莫如琼海潮相似，半月东流半月西。

蜀冈怀古

春云黯黯美人斜，秋草凄凄帝子家。一代红颜在何处，可怜都作广陵花。

湖上别友人

诸君晓渡太湖来，烟雨离亭更折梅。七十二峰空翠里，一峰花落一峰开。

姑苏柳枝词

四百桥边茂苑东，纤腰舞杀为春风。吴娘一一娇莺似，生长游丝落絮中。

曹贞吉

字升六，山东安丘人，官户部员外。

清明送朱锡鬯之扬州

风扬几尺青帘子，雨湿一枝红杏花。共向乐游原上望，钿车流水日初斜。

宋 荦

六见

马上见新燕

山迳逶迤绣碧苔，蓟门烟树望中开。春风策马桃花寺，乍见双双燕子来。

高士奇

再见

题镇国公霓庵画竹册子二首

谁写琅玕墨未干，溥溥晓露动轻寒。忆从东第趋陪日，曾在梁园雪后看。

绿云淰淰影披离，密叶才抽一两枝。会得渭川千亩意，轻烟轻雨总相宜。

戏为友人题画

逸态偏宜鬖髾妆，风流最称薄罗裳。真真若唤人应左，只恐行云误楚王。

寄李耕客白门

御沟西畔柳毵毵，千缕春云散晓岚。记得与君从此别，几回清梦隔江南。

严绳孙

再见

悼马彦丰

露华明月忆茫茫，八首新诗手寄将。展到泪凝笺尽处，金窠红篆见三郎。

朱彝尊

三见

题谭汉画山水送谭七舍人兄二首

舍人佐郡出京华，马后图书载五车。欲上恒山最高顶，自驯白鹿饭松花。

大漠霜流碛草枯，郫筒芦酒急须酤。云中西去黄河曲，未必山川似画图。

越江词

山围江郭水平沙，过雨轻舟泛若邪。一自西施采莲后，越中生女尽如花。

李基和

再见

过鹤汀侍读斋观董文敏画

晓雨初晴烟未收，江云一带引轻舟。模糊认得南徐树，不到家山十六秋。

梅　庚

再见

题顾梅生画兰　顾即合肥龚公姬横波夫人

半幅双钩楚泽春，南朝旧部总伤神。蘼芜诗句横波墨，都是尚书传里人。(上有钱宗伯姬人柳如是题句“蘼芜柳小字”也)

顾贞观

号梁汾，江南无锡人，孝廉官中书舍人。

畴城感旧

帽檐倚侧看倾城，巷陌寻常小燕迎。记得疏狂旧踪迹，鸳鸯池上月微明。

过湘潭女伎墓

如此伤心画与谁，澹烟衰草断肠碑。湘春门外无穷绿，中有亭亭素手垂。

次旧韵

绿杨影里试凭肩，小立低鬟欲暮天。油壁重过定惆怅，画桥南畔戟门前。

书婺州城外禅院第一层浮图

官桥柳暗越江春，拂地千丝扬曲尘。惆怅远山青不尽，倚篷闲却画眉人。

申涵光

号凫盟，直隶广平人。

黄花谷

竹杖寻源入上方，满山槲叶晚苍苍。乱碑零落游人少，一道飞泉下夕阳。

泛舟明湖

女墙倒影下寒空，树杪飞桥挂远虹。历下人家十万户，秋来都在雁声中。（钝翁《说铃》云："申和孟五七言诗，气体俱极高老，予尤爱其七言、绝句。暇日与王六讽咏数首，叹谓含蓄渍澹。使置诸唐人集中，未知可与谁比"）

殷睢宁伯岩弃官北归

解薜南游忽二年，怪来鬓发老河边。故人零落行将尽，与子重逢亦偶然。

邓汉仪

字孝威，江南泰州人，官正字。

听白三琵琶二首

北极诸陵黯落晖，南朝流水照青衣。都来写入霓裳里，弹向空园雪乱飞。

白狼山下白三郎，酒后偏能说战场。飒飒悲风飘瓦砾，人间何处不昆阳。

俞南史

字无殊，江南吴江人。

长门怨

金屋春深早闭门，平阳歌舞动黄昏。君王那得如明镜，日向妆台照泪痕。

宋　珏

字比玉，福建莆田人。

题画壁

来时梅瘦未成花，别去垂杨金作芽。他日相思如看画，板桥西望是吾家。

潘　高

五见

漫兴二首

双罾起处水奔浑，飞过斑鸠两在村。独把一尊高阁里，橹声杳霭又黄昏。

中秋何处著狂夫，明月丹青写太湖。欲向茅斋问消息，青灯黄叶更能无。(《寄雪晴斋》)

黄承圣

字奉倩，江南太仓人。

小饮白隄茶馆

老树当窗绿影加，画船水面奏琵琶。不甘风雨春偷度，借得茶坊看菜花。

周在浚

四见

集遥连堂听客话南北旧事二首

如花小伎唱新词，座上将军忽朵颐。从此君亲同敝屣，争教四海不疮痍。

小字乌丝燕子笺，锦装玉裹奉君前。梨园不足天颜变，老监低头涕泗连。

洪　昇

五见

马陵道中

月没沙飞高岸崩，马蹄昏夜踏层冰。白杨树里青燐火，直照行人过马陵。

湖上春词

满湖春水荡晴烟，几处春云散碧天。月出惯留歌舞席，风生不送别离船。

送孙容斋任衡阳二首

南去衡山秋气新，片帆湖水碧粼粼。趋庭忽忆少年日，七十二峰如故人。

京洛论交眼最青，别时期我问湘灵。扁舟或趁南风便，一路看山过洞庭。

吴　麐

字仁趾，江南歙县人。著有《樵谷集》。

送程二之南村

南村岁稔酒堪赊，君去应须卧酒家。湖上夕阳归钓艇，门前秋水落荷花。

潘问奇

三见

书陈将军便面

虎头垂老卧江滨，李广空余百战身。马蹀平原芳草绿，角弓闲杀射雕人。

赠常侍

曾伴宸游太液池，玉阶金辇侍昭仪。而今南内多青草，不似园陵奉帚时。

冯　班

四见

梅　花

长廊尽处是东墙，柳絮风中见谢娘。今日不堪帘外树，一枝和粉弄斜阳。

楼中忆旧三首

赤阑干下画廊前，正是严风咏絮天。鬓发未梳妆粉薄，旧红衫袖拥沉烟。

堕马云浓压领巾，素衣光洁不生尘。灯前众里分明见，一种纤长最著人。

病容微白有时黄，绰略梳头不尽妆。半下玉钩帘里坐，怕伊团扇动新凉。

背　面

二月花枝著雨天，石桥流水小门前。无因得见阳城笑，背面惟看似削肩。

舟中见

晓风吹发木兰舟，拟托微波又自休。满眼金昌好光景，水窗鸾镜照梳头。

临桂伯墓下

马鬣悠悠宿草新，贤人闻道作明神。昭君恨气苌弘血，带露和烟又一春。

火　笼

坐对长明一盏红，四更禅榻落花风。自怜暖老无燕玉，空倚卢姬旧火笼。

锦峰春游

春山新样爱低垂，晓镜何人与画眉。梦里昨宵逢旧识，可怜妆束似平时。

学唐人杂诗二首

乌啼梦醒起来迟，枕上偎人又片时。风里杨花难自主，劝君无事莫相思。

罗裙露湿送伊回，碧琐楞中晓月来。如画仙山不能住，始知刘阮是粗才。

秋海棠

桃花丰态海棠名，映石穿阶到处生。好是小窗残月下，一枝擎露正三更。

草

浓扫匀铺绿不休，最宜长路水悠悠。昭君冢上千年色，每逐东风遍九州。

手　巾

万缕绞丝五尺烟，啼妆曾拭粉犹鲜。频频舒卷窗前看，应爱当心两合蝉。

忆　旧

朱援倚斜绿草长，一天春色逐残阳。熏炉莫更添龙脑，不是荀君旧日香。

燕三首

花覆春泥著两香，双双弄影日初长。殷勤更向窗前语，似与卢家借杏梁。

斜睇雕檐欲进难，回身却立小阑干。美人笑泥韩公子，夺取金丸不许弹。

解舞腰肢解语声，伯劳相背两轻盈。将军若爱封侯相，正待金门甲第成。

楼　中

西北高楼欲入云，玳帘垂地露花裙。泥中涸蚌藏明月，枉著青衣侍冠军。

鸡　声

花落兰釭万种情，玉柔香暖月胧明。凤冠夜冷啼应嬾，恐是秦关过客声。

游仙七首

海气三山日欲曛，蔽空飞散凤皇群。修蛾不展绿何事，懊恼罡风坏绣裙。

偶然听见凤凰鸣，便向花间习小笙。揭调转声收不得，暗来宫里闷双成。

昨夜分明语笑同，太平仙酎一尊空。庆安年少轻言语，戏对同官弄洛公。

乡里归来变姓名，泠泠风驭一身□。回头九族皆尘土，惭愧茅家作阿兄。

微禄萦身未得辞，多才较恨学仙迟。层诚昨夜因嘉礼，唤取教吟却扇诗。

濯锦清流汉影斜，遥看片片是朝霞。侍儿不改闲心性，偷采新开玉桑花。

金母东家狩小郎，摩挲宝剑倚天长。笑他后羿弯弓矢，不射妖生射太阳。

赋得团扇

蝉雀纤纤尽似真，筵前几拂艳歌尘。无端做得圞员样，遮掩姮娥不许亲。

夜坐忽忆玉生昔年

露滴空阶月影迟，小庭余冷殢花枝。璧人醉解频相唤，兰蕙生香不睡时。

客友人

露寒风重夜悠悠，珍重姮娥到树头。莫向窗中窥卫玠，绮罗轻弱不禁秋。

美人手巾

龙脑熏多入缕香，轻云一叶照人凉。阶前暗堕谁收得，认取宵来粉汗光。

见楼头美人有笑余衣敝者

争轴湘帘出画楼，纤纤遥指敝貂裘。嫣然破尽桃花色，若要千金异日酬。

王彦泓

四见

寒　词

从来国色玉光寒，昼视常疑月下看。况复此宵兼雪月，白衣裳凭赤阑干。

悼　亡

归宁去日泪痕浓，锁却妆楼第一重。空剩一行遗墨在，丙寅十月十三封。

卷十二

五言联句

八月十二夜天延阁联句

高秋聚良朋，气与烟云发，阁敞延清虚。（陈世祥）天空亘嵲屼，女墙绛蝃蝀。（王露）官楼紫酋崒，钩斜交远畦。（梅清）蔽亏带蒙樾，旷观耸五寻。（钟允谐）新构盈十笏，文壁衔金虹。（沈泌）雕梁镂玉鹰，孤空纳沆瀣。（梅庚）百里见毫发，柏棋香正浮。（梅素）鳌峰光未没，身轻接缥缈。（露）目纵领超忽，乍瞑群动妆。（谐）骤寒众芳歇，暑徂火届流。（素）雾净风初揭，远刹撞昏钟。（清）严城闭高阀，分明乌鹊桥。（泌）窈窕蟾蜍窟，轮非三五盈。（祥）弦疑二八阙，挈袱会须修。（庚）操斧未堪伐，月魄正当楼。（清）楼心恰邀月，于时四宇澄。（露）颇觉群兴浡，雷轰剧喧豗。（素）罗列诧仓猝，蚶蛎渍柈杅。（庚）貍麃纷殽核，旋斗玉腮鲈。（泌）更剪紫拳蕨，笋脯荐春羹。（谐）蒟酱开冬醅，清齐酒有醴。（祥）饽饽面无耗，筵从华烛烧。（素）觞遵金谷罚，博齿课枭卢。（清）拇阵严劖刖，轮攻訇神钲。（庚）墨守植文献，猛者力抟象。（祥）孱焉形仆曆，五斗举肯辞。（泌）铜铛呷难竭，其劲飓铿鍧。（庚）崩厓树无机，其莽海澎湃。（谐）搅川流溢漏，有时吞长鲸。（清）有时吸短蝎，骄气震邻圉。（露）余勇扫羸卒，清鉴展轴函。（素）旁搜到碑碣，细研荆开皴。（谐）劲辨颜柳骨，缣囊官锦殷。（泌）素盎哥窑滑，古烟苏合溲。（庚）珍玉昆吾劂，骏图嘶骝骐。（祚）猎障走狁猲，戏犬晋清泰。番马唐回纥，宫壶笵盉巇。（泌）姜钿错轭轨，越冶相瓯剑。勒圭剥汉钺，对此重摩挲。（素）闻音最超越，揶佣付练染。遭燹委榾柮，班班各栏然。（祥）一一见贻厥，抚景惜堂堂。忧生怪咄咄，木陂荷长铲。（庚）瓜畦疏暗埸，移药洗花床。莳兰护银垡，可怜蓬梗飘。（祥）同此霜蹄蹶，檄信陈琳工。口还邓艾讷，沈郎移革带。（清）梅尉寂鸣钃，华胄遡钟繇。（露）健笔数王勃，瘠自谓山臞。（谐）肥宁等瓠腯，阿士尽峥嵘。（清）谁伧敢齮龁，险韵擘字阄。（祥）勍敌吹疵颣，或如叶咀蚕。（素）或如草起鹘，或如云蜿蜒。（庚）或如风勃窣，怪语叱轩辕。（泌）逸气制溟渤，折肱孰能之。（祥）聱牙我当日，十重围火攻。（庚）五字讼面讦，才颖发新硎。（清）涂穷恧枯橛，且与乐沈冥。焉能事千谒，黄河瓠子歌。（祥）白昼蚩尤孛，支祁荡汴淮。聆陕燎闽粤，叩阍閰阖遥。（庚）垂戒象纬悖，餔糟彼汶汶。濡首咸汩汩，觞政夜阑弛。（谐）醉余谈绛突，脂辖索井投。戴锸就陶掘，盘间鸲鹆舞。（泌）础旁花奴羯，叫嚣髻脱帻。爬搔脚不袜，山桂香葳蕤。（庚）海棠睡恍惚，狸嗥动客嗔。鼠堕遭童捽，凉响饥蛩号。呓语雏鸡譗，沈月渐微茫。曙星倏突兀，极乐初忘疲。（素）就眠深觉砣，良会在中秋，重期泛宝筏。

冬夜说饼联句

腊尽边气寒，霰霁朔风冷，官闲稀傫直。（阮亭）晷短谢朝请，经过趁马蹄。（次耕）罗列见杯皿，既饱更设食。（峨眉）造次愧暇整。（方山）厨娘理寒具，中坐出环饼。色侔琅邪稻，种类安定。（阮亭）方法征胡麻，调和汲冰井。搌挡乱纷纭，团圞成俄顷。（方山）兰汤嗽玉屑，冰縠剪蝉影。（峨眉）员疑镜卸盘，艳若金脱矿。一轮巧中规，百炼灭无颖。净烦上池溲，匀想纤手打。（次耕）井刀快割截，齐纨妙清省。霏微玉虬甲，朒朓顾兔景。（阮亭）虾蟆蚀月漷，骊龙攫珠猛。颂德爱芳香，征名欣合并。（次耕）品宁逊粔籹，形已同项领。（方山）熏蒸浮釜鬵，纤皙悦馋睛。（峨眉）既足慰饕餮，更可祝噎哽。（阮亭）灯窥晃琉璃，酒渍散麽绠。（峨眉）蹲啮狂客诞，手洁唐帝儆。十字笑曾侈，四片嗤鸾省。一箸得都尉，再噉失洛颍。果然适莽苍，快去惜齸䶩。（阮亭）平生厌藜苋，饥肠叫蛙黾。（峨眉）忽惊食单富，坐成腹负眚。染指无迁延，下箸皆隽永。（阮亭）鸡臛未足珍，鹅炙讵堪并。里内快抽乙，蒸鱼嘉出丙。乍见大覆盆，旋看日衔岭。（次耕）沃以壑源茶，再鼓气逾逞。僮奴餍香风，饥涎滴喉颈。（峨眉）朗月光渐移，严寒夜凄紧。（方山）炙手焫松明，引满剖枫瘿。（阮亭）杯深一灯青，坐久众星耿。（次耕）酒竭呼勤斟，烛跋催速秉。（峨眉）醉客冠坠箕，倦仆头触屏。霜重压狐腋，柝急吠卢令。（阮亭）世熊笑井泥，生涯叹桃梗。簪盍殊复难，指勤矧多幸。（次耕）饱死怜侏儒，形忘破畦町。（阮亭）加餐雪花融，觅句林鸟静。（峨眉）炙彀任纵横，注坡竞驰骋。斗险气凌韩，掞藻词逼郢。（方山）怪思笔然犀，快语喉吐鲠。（阮亭）心苦餍食牛，律严弓束擎。剪绡成奇文，啗蔗得徍境。（次耕）众工聚轮辐，六齐作钟鼎。（阮亭）天籁发南郭，木鸡养纪渻。百年空牢愁，一醉归溟涬。此乐当语谁，故山寄张郱。（次耕）

初冬夜集联句

羁栖欲何为，不如行荷锸。（念翁）筇倦招提游，饮爱文字洽。（牧仲）晚照横苍山，凉风吹白帢。（实庵）稻芒蟹初擘，松床酒新压。（阮亭）残菊映深杯，狂言递相狎。（方山）人皆白社侣，诗竞黄池歃。（阮亭）妙绘鉴东丹，归人忆巫峡。（牧仲 时观东丹王射鹿园，阮亭于坐中《吟不得，荔裳妻孥下峡消息》诗。）西曹最喜斋，北陆巧当袷。（念翁）霜威逼檐牙，星芒动帘押。（牧仲）不妨乘兴哦，未中考功法。（念翁）暖思汉庙酎，冷畏尧厨萐。（阮亭）卮满川灌河，气壮兕出柙。（牧仲）暂尔圣贤中，讵必金貂插。（实庵）采隐梦庐霍，泛宅羡苕霅。（阮亭）斗室即江湖，拍浮类凫鸭。（牧仲）旅怀欢已忘，险韵句偏恰。（念翁）天马行驳娑，海鲸动呀呷。声殷雷破壁，势急帆出夹。（阮亭）纵横字屡乙，跗蕩颜能甲。（实庵）铭才聱叟尊，书留老妪箑。（牧仲）裘矜貂狎贵，扇委蛟龙箧。（阮亭）久企松子游，无事山公札。（方山）稍闻动鼍鼓，曾否熟羊胛。（实庵）勿惮金吾诃，重酤钱未乏。（念翁）

圣安寺僧舍联句

暮云如断山，返照林下寺。（阮亭）萧散乃良觌，断续幽人至。入门眄寒柯，揖让争行次。（念翁）墙剥古时红，柏剩经冬翠。（士旦）肃肃僧寮清，穆穆禅宫闭。（方山）草创缅金元，烝尝借初地。（牧仲寺内旧有金世宗、章宗像，元初曾奉太祖，以下神主于寺之瑞像殿。）金貂会三族，绛茀来君帝。爰溯大定年，下洎至元世。刹那人代变，弹指河山异。（阮亭）茅社闭天阳，仍归瞿昙氏。（念翁）法象穷雕镂，郑重先皇界。（牧仲 寺有佛像，出大内。）鹫岭旧飞锡，龙驭屡回辔。（梅檀佛尝飞至寺中，元学士程巨夫有记。）百灵走苍茫，三车赫鼓吹。（愚山）妙相初无言，宛若拈花示。维摩不二门，灼然第一义。（念翁）画壁商喜留，吴装何诡丽。（牧仲）绝笔追顾陆，缨络杂珮璲。（方山）天女静窈窕，云旗俨容裔。（牧仲）势伏龙虎驯，气摄魑魅悸。（方山）栴檀邈古踪，金粟烂名绘。（介维）竹房穿碧烟，苔碣扪绿字。昨闻捷奏宣，黔阳走吴濞。从此罢鼓鼙，花龛得高会。（牧仲）殿阁明佛灯，斋厨出香豉。（方山）生菜荐春盘，巨七削羊胾。（介维）难穷祖帐情，（时念翁将还山。）略遣文字戏。（愚山）拥鼻发长吟，谈天奋高视。酒气彻须眉，墨痕涴指臂。（士旦）雅调纷凤鸾，险语掣鹰鸷。笑驱山可移，怒号星欲坠。韩杜竞倔强，皮陆开流易。错杂成宫商，一滴大海味。（愚山）既足张楚军，亦已拔赵帜。（念翁）舒啸和哀猿，振藻惭上驷。（牧仲）共拟寒山诗，聊述净名意。（阮亭）鼠须争葳蕤，鸲眼交睥睨。挥毫诧脱兔，敌人不及避。（介维）河岳旷遥情，海岱罗奇思。欣感共颠倒主，客谢拘忌。（愚山）綦舃错群贤，旗鼓当大帅。（士旦）斗场号禅窟，东安妙谈议。未能离尘垢，稍欲藉钳锤。（阮亭）精蓝梅吐苞，老树鸟垂翅。蒲牢时一鸣，牟尼静如睡。（士旦）飞甍落罘罳，空垣凋薜荔。（牧仲）篆烟萦狻猊，香台蹲赑屃。（方山）野马静诸天，苍隼侧双眦。（士旦）醉乡战已疲，重围或可溃。天寒仆御愁，促别喧车骑。（念翁）回听金琅珰，星河宿檐际。（阮亭）

八月十五夜集半逻钱尔复斋有怀钱四汝霖 钱四本姓何

旧识何颙宅。（李绳远）溪亭杂树交，秋花低结子。（朱彝尊）寒竹暗抽梢，屡下南州榻。（李良年）重惭上客庖，青丝携桂酒。（钱尔复）金鼎出兰肴，乐饮倾三爵。（李符）宾筵赋载呶，风多沈北斗。（绳远）云密自西郊，肃肃离鸿下。（彝尊）栖栖独鹤巢，空堂惊蟋蟀。（良年）凉牖落蟏蛸，待月虚高咏。（尔复）停杯试解嘲，小山栖隐处。（符）怅望隔衡茅。（绳远）

过筱公西溪精舍怀罗浮屈五留白下

为爱精庐好，（朱一是）还从胜侣探。（屠炌）连山藏涧户，（屠焯）百尺漾风潭。（李镜）暇日同看竹，（周篔）终朝罢采蓝。（谬永谋）汀洲萦曲岸，（郑玥）空翠入层岚。（沈进）静听莲花漏，（朱彝尊）幽寻燕子龛。（李绳远）林泉访支遁，（李良年）晨夕过刘惔。（李符）慧业知相似，（一是）玄言试共参。（炘）香云浮贝叶，（焯）松火照金函。（镜）坐起频移榻，（筫）迟留此盍簪。（永谋）漫须观露槿，（玥）且与荐霜柑。（进）高兴虽云洽，（彝尊）离怀总不堪。（绳远）同心方远道，（良年）辍棹复停骖。（符）泽畔吟应数，（一是）淹中卧未甘。（炘）飘零曾蓟北，（焯）栖泊又江南。（镜）赤羽纷传檄，（筫）青鞋孰荷担。（永谋）石城秋草积，（玥）瓜步夕阳含。（进）佳讯凭谁寄，（彝尊）端居祗自惭。（绳远）西飞有孤鹤，（绳远）天末望苏躭。（符）

九日集刺梅园松下送谭七舍人之官延安四十韵

秋气薄林木，（南海　程可则　周量）萧条鸿雁天。他乡仍令节。（秀水　朱彝尊　锡鬯）高会敞离筵，客尽东南美。（华亭　高层云　二鲍）情因去住悬，黄花分汉苑。（长洲　申穟　萩旆）绿酒自吴船，系马斜阳里。（嘉兴　李良年　武曾）班荆古树前，枝撑寒雪厚。（山阴　沈胤范　康臣）干走老龙缠，空翠垂垂落。（江都　汪懋麟　季角）层阴的的员，旅怀长恋此。（嘉兴　谭吉璁　舟石）幽兴岂徒然，岁月风尘换。（可则）川途梦寐牵，相逢曾几日。（彝尊）回首忆当年，慷慨荆轲筑。（层云）飞扬祖逖鞭，一官乘绝障。（穟）双阙动行旃，入洛名元重。（良年）临关汝最贤，蒲桃随马至。（胤范）鹦鹉得人怜，地险榆为塞。（懋麟）原荒卤作田，由来秦上郡。（吉璁）远接汉居延，百战山河旧。（可则）单车骑吹阗，自应思魏尚。（彝尊）那复羡张骞，美政知无敌。（层云）雄文孰与传，龙山争缱绻。（穟）风阁尚留连，胜事归图画。（良年）长歌当管弦，江淹魂已黯。（胤范）顾恺技谁先，银烛烧林黑。（懋麟）

金盘浥露鲜，霜螯充海族。（吉璁）香橘摘江烟，曲米封鳞细。（可则）荚房压鬓偏，几忘身是客。（彝尊）恰笑口流涎，俊味还稠叠。（层云）深杯莫弃捐，剧谈逾衮衮。（檖）屡舞各仙仙，聚散时难定。（良年）交亲志肯迁，绛冠新得路。（胤范）簪笔旧随肩，作吏今行矣。（懋麟）专城敢任焉，疮痍何日起。（吉璁）井邑几家全，不问金如粟。（可则）宁论酒是泉，征书黄霸续。（彝尊）拥传马卿旋，但遣心期在。（层云）无愁后会愆，河流千尺练。（檖）月挂九秋弦，坐久频催漏。（良年）衣轻更著绵，袛缘诗录别。（胤范）遂使夜忘眠，长短青门柳。（懋麟）峥嵘华岳莲，来朝一挥手。（吉璁）惆怅隔幽燕。（可则）

后　记

有清一代，是中国古典诗歌的光辉总结时期，也是诗歌创作的繁荣时期，清人编辑清人诗歌总集的辉煌就是一个重要的表征。

《箧衍集》是清初人选清初诗的总集之一，较之当时的《怀旧集》、陈瑚的《从游集》及钱谦益的《吾炙集》，《箧衍集》因其选诗精良而被视为清初诗歌总集的典范。自2006年到苏州大学求学，我始接触清人编辑的清诗总集，《箧衍集》即被纳入阅读书目中。2010年国家社科基金项目“清人选清诗总集”立项后，我进一步研读部分清诗总集，并做了一些点校，《箧衍集》即是其中一部。

时隔八年，《箧衍集》的点校已定稿，即将付印，既有释负轻松之快，又有诚惶诚恐之感。点校工作很不易做好，稍一疏忽即出错误。因此，对资质愚鲁、学养不厚的我来说，无疑是个极大的挑战。虽说点校过程中用功也勤，怎奈才、学、识、力均有不逮，常常感到左支右绌，落笔艰难，故本书难免有瑕疵，无法向读者交上一份圆满的答卷，深感惭愧。点校中若有错误和不足，恳请读者批评指正。

《箧衍集》的整理得到全国高校古籍整理研究工作委员会“2013年古籍整理项目”的立项，并得到安徽师范大学学术著作出版基金的资助。本书所以按期完成，得益于课题组成员的合作，参与者汪慧兰老师、夏红老师完成了部分章节的资料整理与点校工作，研究生李林霞、卞李雪同学完成了资料整理与文字录入工作，在此表示感谢！本书在点校过程中亦参考了前贤时俊的成果，亦在此致谢！

另外，感谢安徽师范大学出版社的支持！感谢责任编辑孙新文、韩敏老师，他们认真负责、热心敬业的态度，细致入微的工作作风，使不少疏误得以避免，同时也保证了该书得以出版。

刘和文

2014 年 12 月于安徽师范大学文津花园